沖縄　抵抗主体をどこにみるか

――「処分」、徴兵忌避、移民・出稼ぎ労働者と宮城与徳

佐々木辰夫

目次◉沖縄 抵抗主体をどこにみるか
――「処分」、徴兵忌避、移民・出稼ぎ労働者と宮城与徳

序文

最近本土で、「琉球処分」という言葉がしばしば使われるようになった。二〇〇九年の「薩摩支配、琉球処分一三〇年を問う」イベントなども、それを促したかもしれない。ともかくそれは、本土側の沖縄への理解の広がりを示すことであり、評価したい。その上でのことであるが、しかし、他府県民がこの「処分」にたいして、当時の琉球・沖縄人民はどのような態度をとったのか、円満にうけ入れたのか、不承不承だったのか、それとも抵抗したのか、そこまで立ち入って「処分」を語ることは、きわめて少ないのではないか。本土の者には、「処分」という言葉がもつ、物事や事件についての処理、あるいは始末につながる非人間的な意味の喚起、あるいは「処分者」をそこに想定して強権の匂いを感じてはいても、「処分」される側への思いは、なお抽象的・情緒的あるいは漠然たる認識にとどまっているように思えてならないのである。

話はかわるが、近頃おなじように、「構造的差別」（新崎盛暉）や「犠牲のシステム」（高橋哲哉）などの言葉で沖縄の現状が説明されることが多くなった。それらは、沖縄（あるいは福島）の状況をかなりの程度穿って語っている。にもかかわらず、それらの言葉は、ある側面については的を射ているが、ことがら全体を包括説明しているとはいいがたいのではないか。それらは、沖縄の現状をマイナス、ネガティヴな側面からとらえ、沖縄は差別されている、あるいは本土全体にたいして犠牲になり、被害者であるというメッセージを含んでいる。そうした面はたしかにある。しかし、琉球・沖縄人民は、頭の先から手足の端まで被害者であったといいきれるであろうか。むしろ差別や犠牲に抗いつづけてきた面がなかったのであろうか。つまりわたしは、プラス、ポジティヴな側面こそ、本当に沖縄的であったかもわからないと思うのだ。

わたしは本稿で、「琉球処分」期以来、琉球・沖縄人民が抗いつづけてきた歴史・その様相をふりかえり、そこでの抵抗主体形成の道すじをたどりたい。その空間と時間のなかに沖縄人民の抵抗主体を措定せんとするのである。同時に、アジア人民への反帝・反植民地連帯感情の発生の兆しをもよみとりたい。

はじめに、〔琉球〕と〔沖縄〕という用語の用い方についてふれておこう。わたしはしばしばそれらを・印で連記する場合と、分けて使う場合がある。〔琉球〕という言葉には、少なくとも、書き記された瞬間から、一八七九年（明治一二）までのその時間と、「道の島」といわれた奄美大島北部から宮古・八重山（先島）諸島にいたるまでの地域的空間が包含されている。したがってそれは、琉球王国が明・清とつづく中国との、短くない五〇〇年間にわたる交易・和睦関係にあったことから生ずるもろもろの事象を含む。他方〔沖縄〕は、一八七九（明治一二）年の「廃琉置県」以来の時間・空間をさす。

一、「処分」抵抗・救国運動、アジア反帝人民連帯のめばえ

はじめに、「処分」の概要とそれの世界史的・国際的位置づけをみておこう。

「処分」にかんしては、歴史研究者のあいだで見解の一致をみているわけでなく、きわめて多様な見方が示されている。その時期区分も、また多種多様である。ここではさしあたって、狭義の「処分」（国家併合）の進行過程を示す。

「琉球処分」

一八七二（明治五）年　琉球建藩

一八七四（明治七）年　台湾出兵

一八七五（明治八）年　琉球、清国との冊封・朝貢関係断絶

一八七九（明治一二）年　松田道之処分官三度目の来琉。鹿児島でなく熊本鎮台分遣隊員四〇〇名、警官一六〇名、内務官僚四一名で琉球処分（廃琉置県）敢行。鹿児島は、当時西南戦争後で混乱していた。

かくて武力を背景に、琉球王国が日本国に国家併合される。「王国の日本国への帰属」ともいう。

一八八〇（明治一三）年　日清両国間で「琉球分島・改約案」妥結

「処分」の時期区分は、上記のごとく、狭義には明治初期から大体一〇年間である。

「処分」論争

「処分」をめぐる見解の相違・対立の例として一つ示すならば、マルクス主義歴史研究者安良《あら》城盛昭《きもりあき》氏は、「版籍奉還なき廃藩置県」という形で「処分」を説明している（『新・沖縄史論』沖縄タイムス社　一九八〇年刊）。それにたいして後田多《しいただ》敦《あつし》氏は、「版籍奉還がないことが〈琉球処分〉の本質である」。また「版籍奉還のないことが琉球王国の国権接収・琉球国併合である」と主張し、この二人の対立はきびしく、真向から対峙したままである。

安良城氏の説をくだいていうならば、こうである。

一八六七（慶応三）年、将軍徳川慶喜が大政奉還を申しでる。同年、天皇が王政復古の命令を発する。六九（明治二）年、版籍奉還という形で徳川幕藩体制は崩壊していく。当時イデオロギー的には開国に対立する攘夷思想が叫ばれ、攘夷を支える思想的支柱として勤皇が強調されていたのは周知のことである。幕末の志士たちは、徳川光圀（一六二八～一七〇〇）編纂の『大日本史』（一六五七）をもちあげ、賀茂真淵（一六九七～一七六九）や本居宣長（一七三〇～一八〇一）らの国学、皇道思想をひろめ、天皇制形成のためにたちまわった。また当時全国の諸大名ら約三〇〇名が将軍の大政奉還とともに版籍奉還にいたる。その間すでに一〇余藩の大名たちには、藩財政の窮乏化のために、財政的見地からも藩政返上の機運が醸成されていた。しかも全国いたるとこから、百姓一揆や打ちこわしの火の手があがり、藩主らはその対応に迫られていた。各地に勃興しつつあった商人や新田開発の豪農層は、やせ衰えていく武士たちに担保付貸しつけや高利貸契約を示していた。版籍奉還には、天皇制への高い評価と、新興ブルジョアジーや農民層・町人層による生産力のいっそうの発展が予想されていた。

他方琉球王国における状況はどうであったか。近海に欧米列強の艦船がしきりに遊弋・測量し、ときには船員を島々に上陸させ、開国の要求をちらつかせるという点では、琉球も徳川幕藩体制下の日本も同じ危機意識を共有していた。しかし、本土のような「維新的状況」は琉球には存在しなかった。超大国清との冊封・朝貢関係は以前と同様に、ほとんどかわりなくつづけられていたのである。

安良城氏は、「処分」は「明治維新の必須の一構成要素をなす国家統合・民族統一の一過程であり、上から（明治政府）、他律的（琉球の外）な処分であった」と強調することになる。つまり、本土における明治維新（幕末）と琉球における「処分」以前とは同じ土俵でなかったのである。土台からして「統合」と「民族統一」に無理があったようだ。

後多田氏は「琉球王国」という国家の存在を前提とし、それが時の明治政府によって軍事力を背景として国権の接収がなされたとみる。後多田氏は、後述するが、接収された国権（主権）回復のために士族がその運動をしていくさまを追及している。

安良城氏のいう「上から」と「他律的」な国家併合・民族統一を、もし承認するというならば、それを併合された人民の側からすれば、すなわち「下から」「内在的」にみれば、併合した側の政権の統治正統性 Legitimacy にたいして、不法・不当・不承知であるという論理的命題がひきだされる。別言すれば、「処分」以後、県民のなかによどみつづけている不平・不満にヒストリアンはどのようにむきあうべきかという実践的・実証的な作業がもとめられる。「処分」をもって一幕の敗北劇 The tragedy とするか、あるいは、時期区分をして別のものにおきかえて「始末」するか、それともそこから、むしろ「処分」への抵抗の主体形成を展望し、未来史観をうちたてるのか、その作業は、史家の重要な主体的任務でなかろうか。主体形成を不問にする客観主義的歴史観は、マルクス主義とは縁もゆかりもないものである。

アジアの国際秩序の再編

「処分」は単に、日本帝国と琉球王国との併合か非併合かの問題であるだけでなく、アジアの大部分を占める広大な地域における国際秩序の再編成という巨大な激流の部分である。東洋史の中心部分をしめる中国とその周辺諸国・地域・民族との関係を、ひと言でいうならば、華夷《かい》（華は中国、夷は外国）・冊封《さつぽう》・朝貢《ちょうこう》体制という。それを日本に限ってみれば、古くは魏志倭人伝《ぎしわじんでん》のころに溯り、倭《わ》の女王卑弥呼《ひみこ》は、魏《ぎ》の国の冊封をうけ、つづく倭《わ》の五王《ごおう》——南朝の宋に朝貢した五人の倭国王・讃・珍・済・興・武で、通説では仁徳・反正・允恭《いんぎょう》・安康《あんこう》・雄略天皇にあたる（『広辞苑』による）——かれらは宋の冊封をうけたのである。以来遣隋使や遣唐使たちもそれぞれの中国王朝と日本の対応期の支配者とのあいだになりたっていた冊封関係のなかで往来した。足利義満も明から冊封をうけ、朝貢をおこなっていた。勘合船はその時代の朝貢船であり、豊臣家や徳川家康らは朱印船を中国や東南アジアに派遣していた。

　中国歴代王朝のなかでもっとも殷賑をきわめたのが、明（一三六八～一六六一）と清（一六六二～一九一一）の封建王朝であり、それは冊封・朝貢体制もいっそう発展・成熟させた。中国の東には、朝鮮・琉球、北には北清（満州《マンチュリア》）やモンゴルをしたがえ、西にはチベット、南にはヒマラヤ山系のなかのネパール・ブータンおよびシッキム、さらに遠くミャンマー、タイおよび安《ベト》南《ナム》を附庸し、国内の西南地域には雲南・四川および貴州をしたがえていた。

　現代中国の政治思想史家汪暉《ワンフイ》 Wang Hui によれば、清朝中央と上記の周辺諸国との関係は、きわめて多重性にとみ、臨機応変性をもっていたとのことだ。それは単なる上下関係ではないという。たとえば清朝は、モンゴルに蒙古八旗《ハッキ》制という蒙古律を認め、チベットには西蔵噶厦《カシャ》制（内閣に相当）を、雲南・四川および貴州にはそれぞれの土司《はじ》制（自治制）という地域固有の統治形態を承認していた。それらを前提として冊封・朝貢関係がとり結ばれていたのである。「朝貢体制とは一種の規範的な画一化された制度ではなく、より弾力性をもった関係モデルだった」（汪暉『世界中のなかの中国――文革・琉球・チベット』青土社　二〇一一年刊）。

この論法でいくならば、「海禁下」日本の長崎には例外的に清国船の往来を認め、琉球が日本の一地方豪族（島津）によって税をとりあげられていたことを黙認してきたことなども、あながち不思議ではない。多重性ということでいえば、明・清の附庸国の朝鮮が、対馬と朝貢関係を結んでいたことも忘れてはならない。また、江戸時代、釜山《プサン》から朝鮮通信使が来朝していた話は有名である。

冊封・朝貢関係とともに見のがすことのできないのが、正朔《せいさく》（暦）と漢字と中国宗教――上乗仏教、儒教（紀元前五世紀以来）、道教（紀元一世紀後漢期以来）――の普及・伝道である。上記の中国周辺諸国家はそれぞれの政事《まつりごと》に、この暦制・漢字・宗教を用いた。これらの関係と冊封・朝貢関係を含めて、別名「中華体制」と総称し、周辺への遠心力的拡張は、東洋史・東洋社会をもっとも複雑、豊穣たらしめてきた。それは「アジア的専制」の裏返しである。

それが一八四〇年からはじまるアヘン戦争を一つの区切りとして、アジアに「万国公法」なる国際法を一つの規範とする国際政治秩序がもちこまれることにつながる。

万国公法秩序

遣欧使節団の一員であった大久保利通（一八三〇〜七八）は、ドイツ初代首相ビスマルクから「万国公法」の話をきいてかえり、「琉球処分」を企てるにあたって、かれの話をくりかえししていた。ビスマルクいわく。

「所謂《いわゆ》ル公法ハ、列国ノ権利ヲ保全スル典常《てんじょう》（常法のこと）トハイヘトモ、大国ノ利ヲ争フヤ己《おのれ》ニ利アレバ、公法ヲ執《とら》ヘテ以テ、動カサス、若シ不利ナレハ、翻《ひるがえ》スニ兵威《へいい》ヲ以テス、固《もと》ヨリ常守アルナシ」（久米邦武『米欧回覧記』）

ようするにビスマルクは、列強諸国間ではお互いに利益を按分してわかちあうが、自国が不利な場合には公法をすて軍隊を出動させ、あるいは相手が弱小国であれば砲艦外交 Gunboat-diplomacy をおこなうということがオフィシャルである、という。少しのちになるが、レーニンはかれの『帝国主義論』（宇高基輔訳　岩波文庫　一九一六年刊）の「第一〇章　帝国主義の歴史的地位」の「独占資本の主要な現象」の頁で、この体制を、きわめてダイナミックに、かつ包括的にとらえて、「帝国主義の植民政策」としてえがいている。「ヨーロッパの諸強国が、たとえば、一八七六年にまだそうであったように、アフリカの十分の一をその植民地として占領していたにすぎないときには、植民政策は、土地をいわば「無主先占的に」占領するという形で、非独占的に発展することができた。だが、アフリカの十分の九を占取されてしまい（一九〇〇年ごろ）、全世界が分割されてしまったときには、不可避的に、植民地の独占的領有の時代が、したがってまた世界の分割と再分割のためのとくに尖鋭な闘争の時代が、到来したのである」。

華夷秩序から万国公法秩序への再編とは、植民地を絶対王政下の重商主義的植民・領土強奪から、独占的に領有する帝国主義的植民地主義の時代への変化である。「日支両属」という曖昧な従属形態から日本「専属」への変化もこの枠組のなかで出来《しゅったい》したのである。西里喜行氏は「琉球処分」の時期区分を一八四〇年のアヘン戦争から一八九五年の日清戦争（朝鮮では清日戦争）までの半世紀余とし、それを「広義処分期」とよんでいる。

では半世紀余におよぶ「処分」期において、琉球・沖縄人民はそれにどのようにむきあったのであろうか。

琉球救国運動

一八七六（明治九）年、琉球王府の三司官（政権中枢にあって王制をコントロールしてきた複数の最高の官僚）たちは、国王尚泰《しょうたい》の了承をえて、幸地《こうち》朝常《ちょうじょう》（唐名　向徳宏、以下琉球士族の唐名省略）を清にひそかに派遣する。このとき三九名が同行するが、名前の確認ができるもの二七名。このときをもって「処分」抵抗のはじまりとする。時間的に後先になるが、幸地の心境の一端が、かれの遺した手紙からうかがい知れるので、以下列記する。

「日本官吏空勢ヲ張リ凶兵銃器ヲ振テ改革ヲ迫ルト雖モ恐ル可カラス」

「若シ之ヲ恐レ是ニ屈シ承諾スル時ハ後日之大害而已《のみ》ナラス…仮令其命ヲ絶チ其体ヲ切断

粉骨スルモ領承セサルヲ重良〈要〉也トス」
「日本政府厳迫而《シコウシテ》廃藩之果断ヲ為スアラハ温柔ヲ旨トシ其命令ヲ奉スルモ妨ナシ然レドモ一朝之怒リニ其ヲ忘レ其身ヲ忘レ抗スルノ志操ヲ出ス可カラス、万一之ヲ犯スアラハ後日悔ユルモ不可及《オヨバズ》」
「大国諸臣ニ於テモ世論之在ルナリ…必ス数月ヲ待テ後処分（対応策）在ル可シ…」

これは幸地が、上司である与那原親方へ池上幸次の変名でおくった手紙であり、松田が「処分」をおこなった年の四月下旬である。渡清後三年経過している。日本官吏・兵の強迫に屈せず、「一朝之怒り」で対処すべきでなく、国際世論を味方にして長期にたたかうべきであることを内包している。ついでながら、朝常のかかわった琉清関係断絶阻止にかんする請願書は、一八七五（明治八）年から八五（明治一八）年までで、全部で一八通、そのうち明治政府あては七通、清国あて一一通である。なお、かれが清国の実力者李鴻章にあてた請願文のなかには、「生きて日（本）国の属人と為るを願はず、死して日（本）国の属鬼と為るを願はず」という強い決意がひめられていた（後田多敦著『琉球救国運動――抗日の思想と行動』Ｍｕｇｅｎ　二〇一〇年刊一四五～一四六頁）。

一八七九（明治一二）年三月、松田道之らが琉球入りしたとき、琉球は清国中心の華夷秩序のなかにあり、日本国によって廃琉＝国家滅亡されることを認めない士族（黒《クル》党）や日本の統治をうけいれるとしても、なんらかの形で清国との絆を保ちたいとする者（白党《シル》）たちが入り乱れていた。俗にいう黒党（拒否派）と白党（両属派）、さらにもっとも頑強に「処分」を拒絶する黒《クル》頑《ガン》派などの勢力が形成され、明治の終りまで論争がつづく。もっとも激烈な抵抗者は清国に亡命した。当時明治政府は、これを「脱清」と称し、「みかどに反対する極悪人」として扱った。以来日本の歴史家の大多数が、「脱清」をなんの疑いもなく認めて、その用語を使って、歴史を記述してきた。琉球人にとっては、「渡清」は冊封・朝貢体制のなかでは決して珍しいことでなく、むしろ憧憬であり、自慢事でもあった。むろんこのときの「渡清」は決死の覚悟であった。通常、「処分」は前述の松田処分官らによる一八七九年三月の武力を背景とした首里城への進入・王国の解体・国権の強奪に限定して語られることが多い。

　しかし歴史的事実はそれほど簡単ではない。たとえば、一八七一（明治四）年には、台湾出兵のきっかけとなる、宮古島民が台風に遭遇して台湾の南東部まで流され、台湾住民によって五四名が殺害される事件がおこったが、この「琉球人遭害事件」にたいして、琉球王府は日本政府に出兵反対の旨を伝える。それは清国との武力衝突になることをおそれたためである。すでに征韓論争をおこなっていた明治政府の枢要人物たちは、木戸孝允以外、すべて征台論者であった。一八七四（明治七）年の台湾への出征兵士は、三〇〇〇人とも五〇〇〇人ともいわれ、五～六〇〇人が熱帯性の病気で死亡してしまった。士族たちは「この出兵を猪鹿《ちょろく》之狩猟同様の無用な出兵」と酷評していた。出兵の既成事実と多数の兵士の犠牲のうえで、日本は、清国にたいし琉球島民は日本国民であると主張し、そのことで琉球を日本の専属のものとし、「処分」合理化＝琉球日本帰属論への伏線とした。台湾からの出兵撤退交渉のなかで「日清互換条款」が締結され、清国は、日本側が主張する「保民義挙」（人民保護のための正義の企て）を容認し、遭難者とその遺族に撫恤《ぶじゅつ》金を支給することなどを認めた。

研究者のなかには、台湾出兵こそ日本のアジア侵略の第一歩と位置づける者もいる。たとえば、又吉盛清氏は、台湾出兵を「第一次台湾処分」とし、一八九五（明治二八）年、日清戦争をへて台湾が日本領となったとき、それを「第二次台湾処分」とよんでいる（同氏著『日本植民地下の台湾と沖縄』沖縄あき書房　一九九〇年刊）。氏は日本の為政者のなかには「琉球征伐」「朝鮮征伐」「台湾征伐」としてそれぞれ当該事件をいかほどの検討も加えずに広言してはばからないものがいるといい、これでは同文同種の隣国をまるで野蕃人か蛇蝎のごとき扱いにすることになるではないかと憤っている。

「琉球分島・改約（増約）」問題

一八七九（明治一二）年、明治政府は沖縄県政をはじめるにあたって、士族＝もと王国役人たちによる「処分」反対・県政妨害・サボタージュなどに遭遇した。そこで政府が対処した政策をふりかえっておこう。その政策は大別すると二つある。一つは内政に関するもので、王国時代の慣習や規則をできるかぎりそのまま温存すること、つまり、いわゆる「旧慣温存政策《アンシャン・レジーム》」であ

る。その主なるものを簡略にのべるならば、

①　旧地頭層（有禄士族）の家禄を置県後も保障し、一九〇九（明治四二）年まで、かれらにそれを「金禄」で支給してきた。

②　地頭代以下の地方役人層（無禄士族）もその地位と特権（免税）が据置かれたこと。

③　農民支配・収奪の体系である土地制度・租税制度および地方統治のための「内法」が手つかずに存続させられたこと（金城正篤著『琉球処分論』沖縄タイムス社　一九七八年刊）。この旧慣温存制度は後述する。金城正篤氏はこの問題に精通し、一九六〇年代においてすぐれた「処分」問題研究者であった。

その二は、対外関係、なかんづく清国政府との外交問題である。一八七九（明治一二）年、日本政府は清国とのあいだで琉球問題をめぐって軋轢が生じてきたので、交渉のテーブルにつかざるをえなくなった。しかし日本は、いかように交渉するのかという点では、必ずしも名案をもちあわせていたわけではなかった。そのころ、たまたま任期を終えてアジア旅行中の前アメリカ大統領グラントが清と日本を訪れたので、両国の政府首脳らは、個別に、グラントに交渉の仲介を依頼した。渡りに船である。グラントは両国の事情や要望をヒヤリングし、駐清・駐日アメリカ公使らから意見をきき、琉球分島案を示したといわれる。それは沖縄本島を日本領とし、宮古・八重山諸島を清国に譲る。そのかわり、日本は清国内に通商権を獲得し、「一体均霑《きんてん》」（霑は、「うるおう」の意、最恵国待遇）を清国から享けるというものであった。その時期は一八七

一年の日清修好条規（中国名 清日修好条規）の期限が一〇年間で切れるので改約が迫られていた。日本はこの七一年条規で「約西例ニ同ジ」（列国並み）の通商権を得ていなかったので、その条規の増加要求をだすという意味で「増約案」とよばれた。その交渉の席で清国交渉団は、琉球三分割案を示した。それは「道の島」すなわち、奄美・喜界島・徳之島・沖永良部島・与論島などを日本領、沖縄本島を琉球領、宮古・八重山諸島を清国領とする案である。しかしこの案は交渉が長びき紛糾するおそれがあったのか、中途で立ち消えとなった。

日本は分島増約案に意欲的であり、一八八〇（明治一三）年十月下旬には妥結にいたり、十一月初旬には調印の運びになっていた。しかしその期におよんで、清国政府はなぜか調印保留を示してきた。清国側の保留の理由は公表されていないが、考えられる理由は二つあった。

その一つは、新疆省伊犁《いり》地区（天山山脈のはるか西、バルバシ湖に注ぐイリ川上流地域）でのロシアと清国との国境紛争問題（一八七一～一八八一）が激化し、清国は日本がロシアと連合を組むのではないかと警戒したためだといわれた。しかし一八七九（明治一二）年、清国はロシアとのあいだでリヴァジャ条約を結び、つづいて一八八一年伊犁還付条約（ペテルスブルク条約）を締結している。これら条約の要点は、①ロシア政府は伊犁地区を清国へ返還する。②清国政府は、ロシアに賠償を支払う、というものであった（尾崎秀美著作集第一巻　勁草書房　一九七七年刊「新疆におけるソ連の経済的地盤」五三頁）。

つまり、ロシアとの伊犁紛争事案は、一応妥結にいたったのである。日露連合警戒論は、もはや「分島改約条約」調印の保留理由ではなくなったのである。

もう一つ考えられる調印保留の理由は、清国亡命琉球士族たちが、清国政府要人李鴻章らに琉球分断撤回の陳情をおこなったことである。それはかれらの身命を賭けての陳情などが効を奏した結果といわれる。たとえば一八八〇（明治一三）年十一月、前述の幸地朝常らとともに渡清した陳情通事（通訳）の名城世功（唐名 林世功）は、その地で自決して、その撤回をもとめた。名城は琉球国最後の北京留学生（国士監＝官費）として明治五年まで清にいた。帰国後、王子尚典の教育掛をつとめたが、ゆたかな文才の持主で詩文をのこしている。清国と琉球で将来を嘱望されていた有為の青年の「処分」「亡国」への抗議の死である。それがもたらす周辺への衝撃は強烈であった。西里喜行氏は、かれらの行動を「琉球救国運動」と名づけ、その運動の功績の代表例として「分島条約案」撤回の成功をあげている。

脱琉清国亡命

「処分」にたいする那覇士族総代の意見書は、大体つぎのごときであった。「琉球は自ら王権をもつ国家である。どんなに物資的に恩恵をこうむっても、国家を廃絶させたのでは精神的に安着できない。要するにこん棒で人々を楽園に追いこむことはできない」というものであった（『「琉球処分」を問う』琉球新報社　二〇一一年刊　西里氏の要約　一六三頁）。

以下　脱琉清国亡命事件を追ってみよう。

一八七九（明治一二）年旧三月　「黒党協議ノ上」湖城以正ら一三名、清国へ密航。
〃　　旧四月　久高島から神山庸忠ら八人の士族　〃
〃　　旧七月　豊里徳輝ら四人　〃
〃　　旧八月　儀間三良ら　〃
一八八二（明治一五）年　三司官の一人富川盛奎ら四五名、福州へ脱出。
同年八月まで抵抗する元幹部・役人一〇〇有余人捕縛検挙拘引される。
一八八四（明治一七）年浦添朝忠ら四三人「脱清」。このころになると、「黒党」とともに「白党」からも清国へ渡る者がふえて二〇〇人におよぶ。分島増約は未調印となっていたが、再提案の動きは消えなかったので、亡命者たちは、福建（福州琉球館）・天津・北京・上海などで陳情をつづける。「黒党」のなかで、「第一過激の党派」と第四代県令西村によって位置づけられていた亀川派のリーダー亀川盛武の孫亀川盛棟をはじめ四人の同派同士は、八四（明治一七）年一月九日に脱琉している。
一八八五（明治一八）年三月　津嘉山朝功ら七人亡命。津嘉山はのちに清で客死する。
一八八六（明治一九）年五月　国頭正才は「黒党等使者トシテ」渡清。
一八九六（明治二九）年　島袋ら二名　〃
同年十一月　義村朝明は息子二人を含む五人で亡命。義村親子はかの地で死去。つづいて、阿波連某、上原某らが亡命。

一八九四～九五年の日清戦争での日本の勝利によって、八〇年代からくすぶりつづけてきた日清間の外交局面は大きく転換した。日本は清国にまがうことなく勝利して帝国主義クラブの一員となり、はじめて海外に植民地（台湾・澎湖諸島）をもつにいたった。一八九五年春、馬関（下関）条約成立後、日本は、尖閣諸島（中国名 釣魚島）を「無主先占の権利」によって日本領であると内示した。それは清国をはじめ諸外国のまったく知らないことであった。脱琉亡命士族も琉球にかえってきたが、明治三二年の段階で、なお福建省福州の琉球館に五〇人ほどがとどまった。

同時に、明治三一年沖縄に施行された徴兵令で、徴兵検査適齢期の青年（満二〇歳）が徴兵拒否して清国へ亡命し、琉球館に辿りついた。「処分」反対の亡命士族と徴兵拒否の沖縄青年が同居し、「処分」反対闘争の継続と反戦・反軍のたたかいが開始されるのである。「徴兵忌避運動」はべつのところであつかう。（本書三六頁以下）

琉球館――亡命士族運動の拠点

福建省福州（初期泉州）の「琉球館」（柔遠《ジュウオン》駅＝宿場駅）は、明・清と琉球とのあいだに冊封・朝貢関係が成立して以来、中国側にある唯一の琉球王国の海外公館である。明・清朝は周辺諸国と冊封・朝貢関係をとりしきっていくために、広東《カントン》・厦門《アモイ》・寧波《ニハ》・汕頭《スワトウ》のちには澳門《マカオ》などに海外窓口公館の設置をおこない、そこに役人を派遣していた。「琉球館」は中国名・柔遠駅と称し、清国内の交通・流通の公認の市場としていた。互市《ゴシ》(あるいは互市場)もそこに付設していたのである。

一八七五(明治八)年、明治政府の冊封使受け入れ・進貢使派遣などの停止命令以来、琉球館は公館でなく、いわば亡命士族たちの亡命政権の拠点にかわり、明治政府を睥睨するにいたった。琉球から清国への漂流民を装った政治亡命は、八二(明治一五)年には九件、八三年には八件、そして八四年には八件と記録されている(西里氏「清代光緒年間の〈琉球国難民〉漂着事件について」参考)。漂流を装う政治亡命者のうけ入れ先が琉球館であった。かれらは清国で保護されたのである。漂流してくる琉球商人は、かつて進貢貿易にかかわったノウハウと清国側の人脈をたよって亡命し、清国の各地や台湾などと交流し、救国運動を経済的に支援したり、明治政府や県令(県知事)の動きなどの情報を亡命政権(?)に提供していた。琉球館に滞在する士族たちは、北京・上海や天津で、必死の思いで請願書をかいている琉球の同志と、怠りなく文通していた。

前近代から近代への転化

グラントらによる「琉球分島・増約案」は、日本が、欧米列強に伍して清国内に市場をひろげ、最恵国待遇を獲得することを提起していた。それは、言葉をかえれば、万国公法の適用である。他方、日本政府は市場確保・拡大のためには、昨日まで自国の主権(国権)のおよぶ地域と豪語していたその領土の一部（宮古・八重山）をも切り売りすることに頓着しなかった。このような状況のなかで、琉球救国運動家たちはどのように自分たちの思考をめぐらしたのか。

一八八四（明治一七）年、元国王尚泰《しょうたい》は華族に列せられていたが、西村県令の時期、故郷の首里にかえってきて、「処分」と「分島増約案」に反対・阻止をつづける士族たちにむかって、「近頃、清国へ脱走ヲ企テ…拙者ニモ迷惑」として「兼《かね》テ諭達《ゆたつ》ノ通リ、少モ心得違無之様」にと通達した。尚泰は脱琉・救国運動家の弾圧の側にまわっていた。

このとき抵抗士族の側から二つの考えがうかび上ってきた。その一つは、「社稷《シャショク》（国家）ノ為重之《ジュウシ》主義ニテ、旧家に関セス琉球中ノ名家ヲ推《オ》シテ国王トシ清国ニ全属シ琉球ヲ再興スベシトテ頻リニ同志ヲ催《うなが》シ清国へ脱走歎願」をおこなうように考えるグループである（傍点引用者）。この亀川盛武の考えでは、琉球国と王家とのあいだにはまだ密接不離の間柄がある。尚家にかわる者を国王にすえるということだ。もう一つの考えは、国王よりも国家を重視する考えであり、封建的王制主義 Royalism から脱皮する考えである。「分島増約案」は、それこそ琉球国家全体の解体・消滅であり、だれが王家であるのかということは二の次の話となる。

たとえば、一八八五（明治一五）年に渡清する津嘉山朝功は、「仮令《たとひ》君ノ命ナレハトテ国家ノ為メニハ従ハサル事モアルナリ…」と語っている。津嘉山らにとって、重要なのは、尚泰という王そのものではなく、琉球国の存在である。琉球人民は尚家に従属しない。ここに人民の琉球ナショナリズムの萌芽が発見できるのでないだろうか。琉球国とはなにか、国王尚家一族と琉球王国が不可分であったものが、「処分」「分島増約案」を契機として、その両者が剥離されて、王なき国家がその瞬間にたちあらわれる。しかしこの琉球解体論に清国が同意して、宮古・八重山諸島を清国領とするのであれば、日清両属派も、清国専属派もそれを容認するわけにはいかなかったのである。この道筋からも、琉球は二つの宗主国から離脱して、とびたたざるをえない。つまり、独立琉球国家論の可能性である。いずれにしろ、王なき土地で士族たちは救国運動を数十年間もつづけたのであるから、形態は広い意味で、人民運動といわざるをえない。近代性をはらむ所以である。

清国側の対応

清国政府は、日本政府が「琉球処分」について説明をしないために、情報入手の遅れも一因して、対応は後手にまわっていた。日本政府に抗議しても、その相手は、その件はわが内政問題であるといって、とりあおうとしなかった。清国の駐日公使と東京駐在の琉球士族らとの情報交換から、前述のごとく幸地朝常らの隠密な渡清が成功した。幸地らの清国政府への陳情の結果、清国はやっと明治政府の役人を交渉にひきこんだ。清国はこの交渉において、基本的には華夷・冊封・朝貢秩序をどこまでも残そうと考えていた。

当時、清国を中心とする国際・国内情勢はどんな具合であったのか。ひと言でいえば、一八四〇年のアヘン戦争以来、清国はウエスタン・インパクトとイースタン・インパクトによる危機の

さなかにあった。註

周知のごとく、清国は朝鮮をめぐって日本と対立し、一八七五年の、いわゆる江華島事件をめぐって緊張をはらんでいた。八二年には「壬午軍乱《じんごぐんらん》」を契機に日・清の両軍が朝鮮に出兵・侵入していた。またフランスは、スペイン、ポルトガル、オランダおよびイギリスのアジア進出に遅れをとったために、ナポレオン三世のボナパルチズムによって強引にその遅れを挽回せんとして艦隊をアジアの各地に派遣し、ガンボート・ディプロマシィーをいかんなく発揮していた。当時清国と冊封・朝貢関係をとり結んでいた越南国（ベトナム・首都フエ）の沖合から砲撃を加えたり、宣教師救済のために「取引」をもちこんでいた。一八八四年には、「清仏戦争」がおこった。

既述の清とロシアとのあいだの「伊犁条約」もこの時期に締結された。伊犁地域をロシアから返還させたことは上述のとおりである。清国は、そのまえの一八五八年、「璦琿《アイグン》条約」によってアムール川左岸をロシアに譲り、六〇年には「北京条約」によってウスリー川以東の沿海州をロシアに手渡してしまっていた。清国にとって北方のロシアはイギリスとならぶ強敵であった。中国の腐敗した官僚《マンダリン》や保守派軍閥たちは、イギリス・ビクトリア絶対王制植民地主義とロシアツアー植民地主義勢力が、中近東・中央アジアおよび極東アジアにいたる広大な地域で市場獲得競争をくりひろげてきたことや、またロシアが露土戦争（一八七七～七八）でトルコのコンスタンチノーブルの近郊を押さえ、東ははるかにウラジオストックにいたる長大な距離、そのなかに大きな位置と人口をしめるアジア最大市場の中国をターゲットにしていたことを知っていたであろうか。この英露の植民地獲得競争は、別名グレート・ゲームとよばれ、とりわけ情報戦を加味した点で広く知られる（"The Great Game—On Secret Service in High Asia", by Peter Hop-Kirk. London 1990）。

これらの列強の脅威をウエスタン・インパクトとするならば、華夷秩序のなかの琉球をつまみとろうとするのが明治日本であった、イースタン・インパクト。すなわち琉球の日本専属化であり、中国にとって冊封体制の一画の消滅はなんとかさけたいところであった。そこで清国外交当局が案出したのが、上述の宮古・八重山諸国の清国領土化であった。もしそれが達成できれば、冊封体制維持の名分がたつというものであった。しかし既述のごとく、琉球救国運動家たちは、分島案をのめば琉球国家そのものの消滅になると哀願した。清国は、いわば身内（亡命琉球人）からつきあげられながらも、対日攻勢をおしつめていくこともできず、ついに日清戦争での敗北にいたる。軟弱・怯懦にして腐敗にみちたマンダリンのたてこもる清朝政府への批判と革命的打倒への人民主体形成の歴史は、やがてはじまる。

註

本稿では中国史をテーマにしていないので、アヘン戦争以来の中国の危機については、深くふれることはできない。ただ清朝の危機——清朝打倒運動、ともに封建制そのものにたいする人民のたたかい、たとえば辛亥革命（一九一一〜一二）など巨大な歴史の流れがあった。さらに冊封体制下にあった諸国の人民が国をこえて友好をもとめた側面も同時的に進行していた。極東アジアインターナショナリズムの起源は、さかのぼればこの時期に至る。

清・越・琉の国際連帯の嚆矢

既述の士族、津嘉山朝功の命令ですでに清国に亡命していた若き亀川盛棟は、琉球館で、明治一七年旧十月、福建省船政大臣左宗棠《サソウトウ》を迎える。左宗棠は、清仏戦争[註]でのベトナム防衛の一環として、フランス艦隊が福建省や台湾を攻撃してくるのをむかえうつためにこれから出陣するところであった。亀川はそのとき二三歳、連名で左宗棠に提出する嘆願書に署名している。

「昨（明治）一七年旧一〇月二八日、清国中堂左宗棠、福州へ御出張ニ付、ソノ節同人ニタイシテ嘆願書ヲ提出シタ」

同時に亀川は五律二首を賦《ふ》して、左宗棠をはげましている。

法蘭《ほうらん》　属国に仇《あだ》す
皇上の　詔《みことのり》ありて　長征《ちょうせい》す
命は重し　能《よ》く将と謀《はか》り
命は厳なり　敢《あ》えて兵と死せん
旌旗《しょうき》　隊を分ちて燦《さん》とし

刀斗《とうと》　軍を擁《よう》して鳴る

駕《が》して　琉球館に到れば

香を焚《た》きて鼓《こ》舞《ぶ》して迎う

口語文になおすと以下のごときである。

「フランスは我が属国〔越南《ベトナム》〕に仇し、私は皇帝の詔を受けて遠く越南に向かう。命は重大なれば、よく現地の将軍と作戦を練り、命令は厳しいのだから兵と死生を共にせん。はためく旗は、それぞれの分隊の色を分かち、武器は軍全体に勇ましく響く。わざわざ立ち寄れる琉球館、勇ましい左将軍の率いる長征軍の武運をいのり香を焚いて鼓舞しよう」。

（前出　『「琉球処分」を問う』から上里賢一氏の訳詩を引用　七七頁）

亀川らは、福建省沿岸を遊弋するフランス艦隊に反撃を加え、はるか南のベトナム戦線に出陣する左宗棠将軍らに香を焚くのだった。香を焚く振舞には、もともと「誓い」の意味があるから、ここでは、反フランス植民地戦争に勝利をちかうことであり、あわせて琉球亡国の危機にあたって、その復権のためたたかうことが、二重にこめられている。別言すれば、国をこえた、地域人民の利益を包みこんだ人民連帯の思想の胚芽を摘出することができよう。華夷・冊封・朝貢・

正朔体制から万国公法への再編は、「アジア的専制」の止揚を含みながらの反帝・反植民地主義のたたかいの嚆矢であったといえなくもない。「アジア的専制」については、別の稿であつかう。（本書第二稿の「徴兵忌避の原因・特徴」四七頁）

この、瀬戸際にたつ者たちに迫られたものは、自己のよってたってきた王制思想をぬぎすて、新しい人民の世界史・人民の世界秩序の確立にむけて、近代的な自我の内面世界を培養すること、これを自己の課題とすることでもあった。

註　清仏《しんふつ》戦争（一八八四～八五）

当時ベトナム王国は清と冊封関係にあった。フランスはベトナムをフランスの保護国（植民地）化しようとして、艦隊を清国沿岸に派遣して攻撃を加えてきた。結果として清国側は敗北し、ベトナムの数省にフランスの特権を与えるなどの内容の「天津条約」を結んだ。そのときの清国側の戦線の指揮をとったのが、前述の左宗棠（一八一二～八五）である。かれは福州に造船所を建設するなど洋務運動の先駆をなす。いわばブルジョア開明派であった。他方ベトナム側でもそれなりの抵抗はなされたが、無残な屈服を余儀なくされた。のちにファン・ボイ・チャウ（一八六七～一九四〇）らがフランス支配からの解放運動をおこす。

救国運動の功罪——未形成の「琉球ナショナリズム」

「処分」は、琉球・沖縄史におけるもっとも重要なターニング・ポイントの一つであった。その全史をふりかえるとき、いくつかのポイントがある。ここで「古琉球」以降の歴史をふりかえりながら、「処分」の歴史的意義を問いかえしたい。

たとえば沖縄本島における三山の按司《あじ》（豪族）の争い。国頭《くにがみ》地方の今帰仁《なきじん》を砦とする山北、中《なか》頭《がみ》の浦添《うらぞえ》を城とする中山《ちゅうざん》および島尻《しまじり》地方の大里《うふさと》にたてこもる山南の争い（三山時代）、そのなかで一四二九年に中山がぬけだし、やがて首里に移って、そこに城を築く。そこに琉球統一国家の首府が存立される。中山は明国の王のすすめで明との交流を一三七二年にはじめ、それが華夷・冊封・朝貢・正朔体制となって結実する。明時代、明とその周辺の朝貢体制下の諸国、とりわけ極東・東南アジアの国々と琉球とのあいだに、いわゆる「大航海時代」が築かれ、琉球はその中継基地たるの地位をしめる。しかし一六世紀の中ごろ、ポルトガル・スペイン船の来航や倭寇・海寇《かいこう》（清国の海賊）の跋扈によって、琉球は明・清との朝貢貿易（官営）のみとなった。

つぎに、一六〇九年島津藩による「支配」によって、琉球は日明・日清両属体制（「唐と大和と御取合」）となった。これらの転回点では、琉球側には、ほとんど選択の余地はなかった。しかし「処分」については、必ずしもそうではなかった。つまり選択肢はありえたのである。その一つが、琉球独立論である。たとえば自由民権派の急先鋒にたつ植木枝盛（一八五七〜九二）の「琉球独立論」である。植木は『愛国新誌』（一八八〇〜八一年刊）で「琉球ノ独立セシム可キヲ論ス」という文章をのこしている。もう一つは、当時清国きっての外交評論家であり、ジャーナリストの郭嵩壽《カクスウトウ》（一八一八〜九一）の琉球独立論である。かれは清国初代の駐英・仏公使としてヨーロッパに赴き、ヴィクトリア期のイギリスのみならず、列強のそれぞれの国情を観察し、外交界に身をおいてきた。ロシア、プロシアおよびオーストリアの「三属支配」下にあったポーランドが独立運動をおこなっている有様を、かれは注目してきた。かれは、帰国、退官後、「日清両属」体制下の琉球が独立可能であるとの論説を発表している。大要はつぎのごとし。

1　清国は琉球からの朝貢を免除すること。

2　琉球問題について国際会議をひらく。

3　琉球を独立せしめること（『養知書屋詩文集』西里氏の紹介による）。

植木と郭の見解が、そのころ、もっとも先見の明あるものであった。抵抗士族たちのなかには、それぞれの胸中に「独立」を秘めていた者がいたかもしれないが、口にだすにはいたらなかった。

では琉球救国のムーブメントをどのように位置づけるのか。この運動はさらに発展する可能性があったのであろうか。否、これは挫折し、失敗に終ったことを率直に認めねばならない。抵抗思想は部分的に継承される。研究者によっては、この運動の時期を一八八〇年代から九五年の日清戦争までつづき、清国の敗北をもってジ・エンドとしている。またべつの研究者は明治末期をもってその終期とする。さらにほかのものは、一九三七年日中戦争（中国では「抗日戦争」）期、国民党軍によって琉球館が攻撃されたときをその区切りとしている。いずれにしても琉球国の再建はかなえられなかった。

なぜ、「天皇を戴《いただ》かざるひらがな文字の新国家」が生まれなかったのか。琉球の政事と文化、暮しの習慣などをみるうえで、もっともふさわしいのが、いわゆる『おもろそうし』である。それには一三世紀から一七世紀までの島々の人びとのウモイが語られ、謡われている。全二二巻・一五五四首、大部分が万葉がなでなく、ひらがなでつづられ、そのなかに画数の少ない漢字が散見できる。そのやまとことばは、島津の「侵入」以前の「辞令書」や碑文にもよむことができる。そのような国家が出現したならば、明治国家への併合拒否という点では、革命的・民主的であり、非天皇制国家でありえた。「処分」抵抗闘争に敗北した理由は、とりあえず相手が強大な天皇を戴く国家であったことに起因するといえよう。むろん彼我の力量差からいえば、そうである。だが、それ以前に救国運動自身が内在的に脆弱であったこと、つまり手短かにいえば、士族階級のみが、そのムーブメントの担い手であり、民百姓がそれに加担していなかった現実がある。しかも運動の主な場所が海の彼方であった。これでは、琉球人民の抵抗の心情をたばね、ゆり動かす琉球ナショナリズムの運動にはとても育ちがたい。

「ナショナリズム」の用語について、わたしはここでつぎのごとき意味でつかっている。国家が国家を構成する人民の人権・自由などを保証・尊重する権力・制度を確立するとき、同時に発生・形成されるその政治思想として用いている。今日、多用される排外主義という意味内容・ニュアンスを含まない。福沢諭吉の初期の著作『学問のすすめ』（一八七二）のことばを借りると、「一身独立、一国独立」がそれに近い。

形成されなかった「琉球ナショナリズム」にもうすこしふれてみたい。

琉球士族には帯刀が許されなかった。いわゆる「非武の国」として琉球はまるで平和国家であったかのごとき話がある。それは俗説である。「非武」というのは、島津藩が「侵入」後、琉球で刀狩りをおこなった結果である。「刀脇差武具之類」は「御法度」であった。[註]

琉球士族――かれらのことを琉球では、はじめ按司《あじ》、のちには士《サムレ》、ユカッチュもしくは系図をもつことから系持《けいもち》といったが、そのかれらは明から唐手《トーディ》をとり入れて、護身術と破邪顕正という封建モラルの実践を心がけた。それを琉球空手という。しかし「民百姓」から苛斂誅求な貢税をとりたて、夫役《ぶやく》にかりたて、さらには治安対策をおこなううえでは、徒手空拳の士では間尺にあわない。武力こそ権力の支柱である。その穴を埋めるために島津藩の在番奉行所が、そこに設けられた。清国亡命の士たちも徒手空拳で請願をおこなった。むしろ、かれらは剣にかえてペンでたたかったのである。One wield a pen, not a sword、この非武装請願・不服従という戦術は、当時も今もけっしてあやまりではない。

その頃大和では、下級武士たちが「就活」に失敗して、武装反乱をおこしていた。この唯武器主義のたたかいは、一瞬の出来事として葬られてしまった。それとの対比でいえば、非武装・不服従戦術は前述の幸地朝常ののこした言葉、「一朝之怒リニ其国ヲ忘レ其身ヲ忘レ抗スルノ志操ヲ出ス可《べ》カラス」にみられるごとく、いわば大局を展望して、持久戦をえがいていたのである。しかし他方では、終りのないたたかいをたたかった面も否定できない。当時琉球王国における家臣団は、上層（有録）士族三七〇家族、下層（無録）士族七〇〇〇家族から構成されていた。亡命士族とそれを支持する士族が、全有録士族の過半数に達していたとみられる。かれらの活動によって、明治政府は沖縄県に大和士族以上に優渥な秩録処分と「旧慣」制度の温存策まで与えざるをえなかった。これは運動の成果なのかもしれない。

だが抵抗士族たちは、当時の琉球の総人口三〇万人余、その人民のいくらかを戦列に加えさせるという構想さえ、ほとんどいだいていなかった。つまり人民（民百姓）と士とのあいだにはのりこえがたい断絶があり、後者は前者の人格を無視していた。当時、抵抗士族たちは、しきりに「社稷存続」といった。社稷とは国家であり、士族のみが国家意識をもち、民百姓にはその考えはなかった。したがって国家存亡に対して決然と立ち上がるのは士族のみであった。この点では大和の士族が、町人や百姓たちの諸要求をたばねて統一戦線的一揆をなしえなかったことと軌を一にするものであった。こちらは人民不在の救国運動――つまり封建制度の分厚い殻は、まだ強固であった。人民の側からいえば、琉球では民百姓が百姓一揆や打ちこわしをはじめるほどの生産段階に達していなかったのである。一九六〇年代、新里恵二氏たちが、「琉球処分」というものは本土と沖縄との国家統合・民族統一のための客観的条件を提供したものであるという趣旨のことをのべていた。氏たちは主体的条件はなにかと問われて、そのテーマは積極的に語らず、「祖国復帰運動を精力的にたたかうことだ」とこたえて論点をそらしてしまった。結局この歴史研究者たちは、「処分」時における情勢把握も抵抗の主体的条件の有無をも充分に目くばりしていなかったのでないか、あるいは「脱清」士族を清国への盲従分子とみていたのかもしれない。

註　琉球時代の刀狩りについて、さまざまな説がある。しかし琉球士族に帯刀が許されなかったという歴史的事実を確認すれば足りる。

「琉球救国運動」の批判的考察

「処分」を理解するためには、それが反人民的・反県民的要素を内包している以上、その「処分」にたいして言挙げし、諸外国にまでそのことをとどかせた人びとのことを偲ばねばならない。本稿はその運動に注目してきた。いささか反覆するところもあるが、最後のまとめにしたい。

この「抵抗運動」にはいくつかの難点もしくは限界があった。「処分」にたいして当時の士族階級の半分ほどのものが抵抗し、「民百姓」はそれらしいことを皆目おこなわなかった。無関与である。その理由はくりかえさないが、そのことをどう考えるのかということ。要するにこれでは人民史観は成立しないのではないか。話はかわるが、たとえば帝政ロシアでは、はじめ貴族が個別分散的にナロードニキとして帝政に反抗し、のちになってインテリや農奴が立ちあがるという抵抗の歴史をつくってきた。それが帝政ロシア史であり、ツアーの末路であった。歴史の流れの方向において、ときに身分の相対的に高いものが孤軍奮闘し、あまつさえ自分もその体制に浴していながら、ことさらに謀反を企てて、反乱をおこすことがあるものだ。問題はその士族や貴族らの運動内容にかかわってくる。平板な人民史観でなく、転換期における複雑な動きをそのものとしてとらえ、融通性とリアリティーのある史観をうちたてることだ。琉球救国運動の歴史上の積極的な意義は、それが愚直・頑固にたたかわれたが、やがて敗北してそれぞれの士族や「屋《ヤ》取《ドイ》」の内部にたくわえられた「国ヲ憂フル志アルモノ少ナシ」と慨嘆する気概と明治日本・大大《ウフヤマ》和《ト》への抵抗精神が、つぎの世代に継承されたところにある。つまり、日本国を相対的にみる世代に。その世代は徴兵忌避や移民を選択肢としたのである。その意味で主体と客体にわけるならば、「救国運動」は沖縄現代史の、主体の側の近代化の課題をになう端緒たりえたのではなかろうか。

もう一つ救国運動にかかわる難点というべきことは、現在でも沖縄学の研究者・歴史家、さらに街頭で「琉球処分史観」を語る人びとによってすら、「救国運動」に市民権が与えられていない状況にあるということだ。抵抗士族の「脱琉渡清」を明治政府は「脱清」とよび、明白に国賊視した。抵抗士族の歴史的意義の無視・抹殺である。明治の犯科帳には抵抗士族の名が犯罪者として列記されている。明治二十年代、自由民権運動の後退、帝国憲法の公布および皇国史観の拡大・強化とともにそのイデオロギー操作がゆきとどき、清国への排外主義の高揚のなかで清国の虚像が完成した。そのメルクマールは日清戦争である。「膺《う》てや懲《こら》せや　清国……」と軍歌をうたった。時代は下って第二次大戦後刊行された沖縄史概説書などでも、「脱清」という用語がなんの留保もなく使用されているのである。西里喜行氏や後多田敦氏らが「救国運動」の本当の姿を示そうとして史料の再発掘をされている現状である。本稿では両氏の研究成果をたびたび引用している。わたしがもとめているのは、士族抵抗運動への理解がいっそうひろがることであり、名実ともに、処分抵抗史観の確立されることである。

〈日本国を相対的にみる世代〉のなかには、徴兵忌避や移民出国などを選択肢とするものがいた。後者のごときは県人口の一割以上であった。（後述）移民青年ないし移民二世たちのなかには、日本帝国に銃を向けて第二次大戦をたたかったものもいる。なかには、あろうことか父祖・母なる地でその家族らに危害を加えたのである。さらに〈敗戦後の世代〉は、日本国を相対視するばかりか、自分をさらに距離をおいて見詰めなおしている。戦争難民・非抑圧情況におかれているかれら――沖縄在住者にとって一つの重要な、あるいは品位ある人間にとって核心的な問題であるところの、自分は自分をどのように位置づけ、特長づけたらよいのかという課題をいだいている。それはむろん他者によってどうのこうのされる類のものではない。今「沖縄」は小なりといえども、世界大の問題を提出している。すなわち Let us or the people decide（われわれあるいはその人びとに決めさせよ）

二、いわゆる本部《モトブ》（桃原《トウバル》）徴兵忌避事件から伊江島闘争へ

「（伊江島の）真謝原《マジャバル》に人が住みついたのは、そう遠い昔ではありません。いまから約八〇年前、先年亡くなった石川清富《せいふ》さんが十三歳のとき、父母家族七名が伊江島の対岸の本部半島の桃原から移住してきました……」と阿波根昌鴻さんは著書『米軍と農民』（岩波新書　一九七二年刊）の冒頭で書いておられる。「こういう貧乏士族で廃藩置県（＝「琉球処分」引用者）から数えて三代目ぐらいの落ちぶれた人たちが桃原から移って農業を始めたのが、真謝（地区）の始まりであります」。

わたしはこのあたりのことや時代背景がよくわからなかった。しかしそのことは、いわゆる伊江島の土地闘争を知るうえで、欠かすことのできない先行史の部分であるように、近頃思えてきた。

さらに阿波根さんはつづける。

「真謝のひとたちはしっかりした心を持ち、みな論語の一くさりぐらいは習っています。それが反骨精神にもなって、石川清食《せいしょく》さんは、また伊江島に来る前の本部時代徴兵忌避で指を二本

切っています」。

福地曠昭氏は『命《ヌチ》まさい[註]——徴兵を忌避した沖縄人』（那覇出版社　一九八七年刊）のなかで、「昌鴻さんの親戚にあたる阿波根昌茂《しょうも》さんという人は二〇数年前に他界したが、昌茂さんは伊江島に移住する前、生まれた本部村山川で徴兵検査をうけるまえに、意を決し、自分の右手の人差し指を二節目から切り落としてしまった。昌茂さんは同じく指を切断した本部出身の（前述の）石川清食さんより一歳年下であった」と記している。右手人差し指を切断することは、歩兵銃の引金が引けないことを示す。

また昌鴻氏夫人の喜代さんも、真謝に移住してきた徴兵忌避者について語っている。「団結道場は石川清憲《せいけん》さんの屋敷を提供してもらって出来上がりました（一九七〇年完成）。清憲さんの父親はイービシチャーといって戦争に行かないために指を切った人で、本部出身でしたが、伊江島へ来て成功した方です。その清憲さんは闘争のリーダーでした」（『証言資料集成　伊江島の戦中・戦後体験記録』伊江村教育委員会編集）。

このように真謝地区（一九六〇年頃　約六〇世帯）をきりひらいたのは本部村出身者であり、とりわけ桃原地区で、しかもイービシチャーが中心的に活躍してきた。

わたしは阿波根さんから闘争のことばかりでなく、氏自身の生いたちや昔のことや村のことをきいた。石川清食さんの徴兵忌避のこともうかがった。わたしは子供のころ、郷里の農村で徴兵忌避の話をきいていたので、沖縄でもそんなことがあったのだぐらいにしか思わなかったので、そのことをそれ以上気にとめなかった。しかし、あの時（わたしが阿波根さんに邂逅したのは一九六五年夏）、わたしが石川清食さんに直接会ってそのことをきいていたなら、今ごろになってことさら本部事件を語ることはなかったはずだ、とわが想像力の貧困を嘆くばかりである。

阿波根さんは、わたしが本部事件を知る上でもっとも近い人物であった。氏は一九〇三（明治三六）年生まれということになっているが、確定的なことではないようだ。拙著（『阿波根昌鴻——その闘いと思想』スペース伽耶　二〇〇三年刊）所収の年表では、「一九〇一　阿波根さん、上本部山川に生まれる。一九一〇　本部で徴兵忌避事件が起こる。阿波根さん本部村　謝花尋常高等小学校入学」と記している。

『米軍と農民』では本部事件がつぎのように書かれている。「一九一〇（明治四三）年のことですが、本部小学校で徴兵検査があったとき、関節のきかない一人の青年を軍医が徴兵忌避だと見て麻酔をかけて無理に関節を伸ばし、それを窓の外で見ていた人たちが騒ぎ出して、二三人が起訴され、罰金三〇円から懲役五年の刑が科されるという事件が起こりました。この事件がきっかけになって、徴兵忌避の暗黙の抵抗が始まりました」（同書五頁）。この事件について著者はこれ以上深く書いていない。

少し脇道にそれるが、この事件で事件当事者（被告人）への刑罰以外に、村政と教育関係者も事件責任者として一定のけじめがつけられた。たとえば、事件と関係のない謝花小学校の校長と二名の訓導が事件後転勤を命ぜられている。謝花小学校は桃原地区にあり、桃原出身の壮丁者

（被徴兵検査者）に徴兵忌避の教育をおこなった責任校であるときめつけられたのである。その謝花小学校に入学した学童阿波根昌鴻は、新しく赴任してきた「武断的教育者」校長らを含む事件処理の顛末を見聞しながら成長したのである。

［註］『命《ヌチ》まさい――……』の「まさい」の意味は「命にまさるものはない」である。

沖縄における徴兵拒否

本部事件を理解するために、沖縄全体の徴兵忌避のうごきをふりかえっておこう。

一八九八（明治三一）年、明治政府は沖縄に徴兵令を施行する。沖縄・小笠原および北海道の一部をのぞいて、すでに一八七三（明治六）年、日本全体に徴兵制がしかれた。当時の旧士族たちは、自分たちが明治日本のもののふになると思っていたところに「農民徴兵」がしかれた。「農民というかつて開かれていなかった深い貯水槽ともいうべき人材の集まっているところ」（ハーバート・ノーマン『日本の兵士と農民』）から兵をつのることに旧下級武士たちはいたく不満をいだき、各地で反乱をおこした。他方農民は、徴兵されることは血税（大事な労働力が強制的に奪われること）であると理解して、「血税一揆」をおこし、結果として一万数千人が徴兵拒否をおこなったという経過がある。しかし他府県の徴兵忌避・拒否の状況はかならずしも充分に研究されているとはいえない。ここではこのことについて、これ以上ふれない。（『徴兵制』大

江志乃夫著　岩波新書　一九八一年刊参考）

そもそも、天皇親政の明治政府の徴兵制たちあげの真の動機はなんであったのか。遠因は、欧米列強のアジアへの進出にたいする防衛であったが、直接的な動機は頻発する百姓一揆にたいする恐怖、さらに豪商や豪農、天皇の周辺にたむろする公家たちは、うちこわしや「ええじゃないか」踊りがかもしだす一種独特の奇怪さに対するおどろきやふるえからのがれることができず、ただひたすら危機意識をあらわにした。それが徴兵であり、官軍の再編成であった。さらに明治中期になると、徴兵令は何回か改正された。富国強兵策の強化と日清戦争の勝利の機運のなかで、徴兵によるいっそうの兵力増強がすすめられた。なかんづく、沖縄などにこの時期になって徴兵制がしかれたのも、富国強兵策の延長である。もっと具体的にいえば、もはや旧慣温存（存続）という琉球王国時代の制度（土地・貢納・地方制度）をのこしておく必要はなかったことと、清国にもたれかかろうとする「処分」抵抗派＝頑固派も、日清戦争で日本が「大勝利」した以上もはや抵抗しない、したがって抵抗派は徴兵制の妨害物でなくなったであろうと政府が判断したこと、それらが沖縄への徴兵制実施の理由である。

かくて一八九八（明治三一）年、沖縄に徴兵令が施行された。一八八九（明治二二）年に改正・公布された「徴兵令」は、「第一章　第一条　日本帝国臣民ニシテ満十七歳ヨリ満四十歳ノ男子ハ総テ兵役ニ服スルノ義務アルモノトス」と規定している。

明治二二（一八八九）年、明治憲法が発布され、兵役・納税および教育が臣民の三大義務と規定された。

沖縄でも徴兵を忌避するものが突然あらわれた。政府は忌避を想定していなかったので狼狽した。一八九九（明治三二）年、二九名。同三三年三四名。同三五年二九名が徴兵忌避し、清国へ亡命している。そのころ清国福州の琉球館には、五〇～六〇名の「処分」抵抗の琉球士族たちと、新しく渡清した徴兵忌避者たちとがいた（後田多敦『琉球救国運動』Ｍｕｇｅｎ　二〇一〇年刊　八〇頁）。

別表（一）「沖縄内の所在不明・徴兵忌避者数」をみると、一八九八（明治三一）年から一九二五（大正一四）年までの約三〇年間の所在不明・忌避者数は一〇四七名に達している。実数はもっと多い。

別表(1)
沖縄内の所在不明・徴兵忌避者数

西暦	元号	所在不明・忌避
1898	明治31	80
1899	明治32	18
1900	明治33	90
1901	明治34	51
1902	明治35	86
1903	明治36	69
1904	明治37	401
1905	明治38	139
1906	明治39	34
1907	明治40	40
1908	明治41	6
1909	明治42	25
1910	明治43	50※
1911	明治44	18
1912	明治45	27
1913	大正２	1
1914	大正３	3
1915	大正４	5
1916	大正５	32
1917	大正６	
1918	大正７	19
1919	大正８	33
1920	大正９	21※※
1921	大正10	
1922	大正11	45
1923	大正12	50
1924	大正13	43
1925	大正14	30
計		1047

(『琉球救国運動』後田多敦著　Mugen 社刊　2010 年 252 頁)
※　本部事件発生の年
※※「ソテツ地獄」おこる

なぜならば、自分の身体を毀損して徴兵検査で不合格になる忌避の方法はいろいろ不都合が生じたり、忌避防止策が陸軍省・文部省・県当局・村政当局・在郷軍人会・青年会などで取りくまれて、それが実行できなくなった。そこで合法的な忌避策として移民を選ぶ壮丁者がふえてきたのである。

沖縄では明治三〇年代から移民がはじめられる。一九〇九（明治四二）年の徴兵検査の壮丁者数は五、六七九人、検査合格者二、五九一人、海外渡航者は七五六人に達している。この時期すでに徴兵忌避して移民しているのである。たとえば、徴兵令施行以前に志願入隊した屋部憲通（〝屋部軍曹〟）の息子憲伝は、一九〇八（明治四一）年頃、キリスト教研究の名目でハワイに渡っている。かれは明らかに徴兵拒否者である。さらに移民との関連で忌避の傾向をみておこう。榮野川敦氏は『旧具志川市史』編纂作業のなかで、「特に一九歳時の渡航者が昭和一〇年代に圧倒的に多くなっていることが示され、それが〈徴兵忌避〉を目的とした渡航であったことを示唆している」とのべている（『沖縄を深く知る事典』）。戦前の沖縄における移民は、昭和一六（一九四一）年までつづくが、そのころまで忌避活動がおこなわれていた。

また「昭和十二（一九三七）年、十九歳のときに森厚信さんは、フィリピン・パナイ島に渡った。森さん自身は「シナ事変」（日中戦争）が始まったから」と語っているが、平安座《ヘンザ》だけでみても、この年には彼の同年代の人が十三人もフィリピンに渡航したという。徴兵逃れの移民と考えていいだろう。他の在留邦人と同じように渡航後は森さんも領事館に徴兵猶予願いを提出して

いた。」（新垣安子『新沖縄文学』八四号「フィリピンと日本のはざまに生きる人たち」一九六六年刊）

最近の調査・研究によれば、徴兵忌避と移民との関係は、ますます密接につながっていることが明らかになっている。通称「南洋移民」という南洋群島への移民を例にとってみよう。

南洋群島（グァム島をのぞく）への日本人の移民は、それがドイツ領から日本の委任統治領になったことと、その同じ時期に沖縄に発生した、いわゆるソテツ地獄（第一次大戦後の不況期からはじまる沖縄の万年恐慌状態）から脱却するためにおこなわれた政策（移民募集）の結果である。むろん不況・貧困が原因であるが、そのなかで県民が移民を選択したきっかけの一つが徴兵忌避である。

一九三六（昭和一一）年の『陸軍統計年報』によると、「外国在留」が理由での徴兵延期は全国で五万三八一九人で、沖縄県はそのなかの九、九一二人であり、全国でもっとも多い県である。それぞれの道府県の総人口にしめる「外国在留」者の割合は、また沖縄県が格段に高い。前述の榮野川氏の報告をより裏付けるものである。また、森亜紀子編著『日本統治下南洋群島に暮らした沖縄移民』（新月社制作　二〇一三年刊）では、南洋移民帰り一五〇名にインタビューをおこない、そのなかの三〇数名の体験が記録・編集されている。そこでは随所に「徴兵猶予」された壮丁者が登場する。むしろ「猶予」が安易に、きわめて事務的になされていたかのごとき印象をつよくうけるのである。

それはなぜだろう。

話は少しさかのぼるが、第一次大戦が勃発するや（一九一四年七月）、帝国海軍はその九月、ドイツが権益をもつ中国山東半島・膠州湾および青島を攻撃し、つづいて南洋群島を攻撃し、ただちに占領する。大戦終結後のヴェルサイユ条約（一九一九年）にもとづいて、南洋群島は国際連盟による日本の委任統治領となる。委任統治（mandate）とは将来において独立することを想定したものであるが、日本はその国際法から逸脱して、そこを必要に応じて日本の固有の領土と同等の扱いにした。やがて海軍は、日本の南進政策の軍事拠点とし、かつ制海権・制空権を確保するための前進基地とした。地下資源と海洋資源の収奪と資本の投下がおこなわれた。一定の人材と要員が必要であることから、壮丁者がたやすく徴兵猶予されたのであろう。さらに穿っていえば、陸軍と海軍との対立から南洋群島滞在の人員を海軍ができるだけ囲い込もうとしたのも一つの理由であるだろう。つまり南洋群島の維持・開発・基地化のための人材確保が徴兵検査制に優先するという急迫的事態認識にいたったのではあるまいか。

南洋群島における最大の国策会社南洋興産（ＮＫ　一九二一／大正一〇年創立）は、沖縄で移民案内と募集に力を入れた。南洋興産は、満州で陸軍があたかも満鉄と結託していたごとく、南洋群島で帝国海軍と提携していた。そこには沖縄出身者、朝鮮人および先住民族（カロリニアン、※チャモロ族）が下層労働者として採用されていた。ここまでくると、厭戦・反戦・平和思想としての徴兵忌避がもつところの内在性は解消し、兵士とＮＫにやとわれている従業員＝キビ刈りの鎌をもつ人夫との区別は、もはや本質的・国家的観点から存在しなくなっている。敗戦後、南島帰りの生存者が基地設営作業に多数、徴集されていたことを、上記の書は、回顧している。そして国民皆兵＝玉砕という等式が、頭をかすめる。やがて満鉄・帝国陸軍（関東軍）が満州傀儡国家とともに消えうせたように、南洋興産・帝国海軍もまた南洋庁とともに南海の藻屑としてうちすてられた。「南洋帰り」の生存者の記録は、凄惨な生還の記録であるが、夥しい近親者・同僚・隣人たちの死亡の記録でもある。徴兵忌避を理由として南洋群島をえらんだ者も、多数犠牲者となったのである。（「南洋帰り」の凄絶な記録の内容を紹介すべきであるが、本稿のテーマが徴兵忌避であるために、ここでは割愛する。別稿「三、移民・出稼ぎ労働者と宮城与徳」（本書六一頁以下）で移民労働者の抵抗をあつかう。

※カロリニアンのことを日本人はカナカ族とよんだ。差別語。

徴兵忌避の原因・特徴

すでにのべてきたごとく、一八九八（明治三一）年から一九四一（昭和一六）年までの約四〇年間、海外移民という手段を含めて徴兵忌避現象ともいうべき状況の生じたこと、その原因はなにであり、どんな特徴をもっていたのか考えずにはおれない。

きわめて大雑把にいって、それは政治的背景と経済的なものにわけられる。

政治的背景

初期の忌避者の多くは旧士族出身の壮丁（徴兵適令者、男子一七歳から二〇歳）であり、清国に渡航するものが多かった。一度は帰国しながら、再び渡航したり、自分の体を傷つけて検査不合格になるものもいた。これら忌避者の家族や近親者のなかには琉球処分（一八七九／明治一二年）にたいして抵抗してきた「琉球救国運動」の活動家がいる。その活動家は壮丁者にたいして、琉球の歴史や明治政府の琉球政策を語りきかせてきたと考えられる。現在記録によって特定できる忌避者の身元をしらべれば、それは明らかである。

本部事件直後、本部を含む沖縄の徴兵忌避状況を視察・見聞した陸軍省軍務局堀吉彦大尉のまとめた「沖縄警備隊区徴兵事務視察報告」（明治四三年）によると、「内地ニ於ケル忌避トハ大ニ其ノ性質ヲ異ニスルモノアリ…支那崇拝ノ系統ヲ有スル頑固士族ニシテ、忌避者ノ大部ハ従来此ノ族ヨリ輩出シ…此ノ如キ士族ハ諸所ニ屋取《ヤドゥイ》ト称スル部落ヲ為シ…屋取ノ頑固達ハ今尚新政ヲ喜ハス自然其ノ子弟ヲシテ兵役ヲ忌避セシメントスル…此ノ輩ノ徴兵忌避ハ之ヲ単ニ徴兵上、忌避ト言ハンヨリハ寧ロ日本ノ政治ヲ忌避スルモノト認ムルヲ當レリトスル…」と記している。

つまり、日本ノ政治ヲ忌避スルモノである、と堀大尉は指摘している。別表で見たごとく一九〇〇（明治三三）年九〇人、一九〇四（明治三七）年四〇一人と忌避者が前年度を大きく上まわっている。前者が北清事件、後者が日露戦争の影響であり、反戦感情を投影したきわめて政治的性格をおびていることがよみとれる。

経済的背景

大体、本部事件前後から自傷行為をともなった忌避者の数は減少し、外国への渡航によって忌避する傾向となる。この場合の主体は、昔、民百姓といった農民層である。そのためには沖縄の土地制度とその「近代」的改革についてふれておかねばならない。

一八九九（明治三二）年から一九〇三（明治三六）年に、琉球王国の封建的な土地制度と貢納（租税）制度が土地私有制と地租金納制にかわった。それは、前近代から近代への社会の下部構造の根本的変化である。

琉球王国はアジア専制政治《デスポティズム》の一形態である。国王のみが土地私有をおこなっていたので、専制という。しかし国王は、自分の幕臣である地頭に国王の領地を知行地として与えていた。地頭たちはある時期から首里・那覇に居住を命じられた。その結果地頭は、知行地にたいして「不在地主」化していった。知行地（間切、村）には、地頭に従属する下級士族が居住して知行地の管理をおこなっていた。間切や村では、主として民百姓が共同体を構成していたが、民百姓は地頭や下級士族への絶対服従のもとで、耕地を割り当てられ、貢納額を決められていた。地頭への貢納単位は民百姓共同体であり、個人＝構成員はその共同体に埋没していた。また、貢納の義務や共同体の掟は、「ムラ・シマ（地縁集団）の内法で規制されていた」。

マルクスは、アジアの専制政治の下部構造を定式化するために、「アジア的生産様式」なる概念をあみだしている。その生産様式のもとでのアジアの村落共同体をヨーロッパ――たとえばゲルマン共同体などと対比している。ゲルマン共同体の場合、典型的には封建領主は領地（荘園）を所有し、その耕作・管理などに身分的隷属関係をもつ領民（農奴）に一週のうちの数日を賦役労働として働かせる。農奴は残りの日々を自家の保有地で必要労働を働く。それにたいしてアジアの村落共同体では、「共同体の構成員の個人が共同体の統一を具現する者の財産・奴隷である」とのべ、かれはそれを、「総括的奴隷」とよんでいる。「総体的奴隷制」という訳語も使われている（マルクス『資本主義的生産に先行する諸形態』一八五八年執筆　大月書店　手島正毅訳　一九六三年刊）。

琉球では共同体構成員の作物収穫高を均等化するために、何年かおきに占有地（耕地）の割替をおこなっていた。割替される面積は地域によってさまざまであるが、基本はその家族の「糊口ノ途ヲ得ルヲ足ル迄ヲ標準」とされていた。別の言いかたをすれば「殺さぬように剰《あま》らさぬように」であり、その生産のなかから貢納がおこなわれている。「必要労働」と「賦役労働」の概念が存在しない。貢納額はとれ高の三分の一、各家で貢納ができないとき、与《くみ》が共同責任をとってその貢納不足分を充当する。この苛斂誅求は、やがて一八〇〇年代を通して琉球王国を内部と底辺から没落の危機におとしいれる。各地で「家倒れ」（一家離散）「間切倒れ」（集落崩壊）などの現象がおこる。琉球の三司官（行政最高位）に合理的な生産性向上の発想がなく、ただひたすら「経済外強制」のみをもたらし、その結果は、封建制国家没落の必然性を示すことになった。沖縄の「土地整理」は、明治六年の地租改正に匹敵するものである。

沖縄では土地の私的所有はどのようにおこなわれたのか。「土地整理」の当該年に、各百姓が耕作（占有）していたその土地をそのまま私的所有に移行したのである。結果として糊口を凌ぐにたりないきわめて狭隘な面積を所有した。そして地租は金納制である。民百姓は理念的には封建制もしくは総括的奴隷制から解放されたが、経済的貧困からは解放されなかった。あるかなしかの僅かな土地を「私的所有」する〝個人〟がはじめて登場したのである。アジアにおける〝個人〟概念の成立の経緯は興味あるテーマであるが、ここではふれない。

このような状況のなかで、農家の壮丁者は沖縄から出国することを余儀なくされた。国家的観点からみれば徴兵忌避のための移民は棄民（宮城与徳らの指摘）であり、壮丁者個人からみれば故郷離脱である。さらに時代が下って一九二〇年代の「ソテツ地獄」以後は、沖縄全体の危機のためにいっそう貧窮化した農家の壮丁者が、多数国外へ流出するにいたった。逆にいえば有為なる青年（壮丁者）の海外流出は「沖縄倒れ」の先ぶれといえなくもないのである。一九三〇年代になると、沖縄では労働力の払底現象がおこる。

このような政治・経済的背景以外に、川島淳氏は、沖縄における男性が祖先の墓をまもる宗教的風習を示して、徴兵忌避の実例を紹介している。つまり先祖の眠る墓（亀甲墓など）・遺骸（甕《よう》棺《かん》納《のう》）を守る義務が男性、とくに長子にあり、かれらは徴兵忌避の手段をとって南洋群島（とくにサイパン）に出稼ぎにでて行ったのだ（川島淳「沖縄から南洋群島への既婚女性の渡航について――近代沖縄史・帝国日本史・女性史という領域のなかで」『東アジア近代史』第一三号、二〇一〇年刊）。ここで示されていることは、明治三〇年代、徴兵検査がはじまったころ、村・間切の女性たちが――それは祖先を同じくする集落で複数の女性である――村の男子の徴兵忌避をまっとうさせるために村の拝所《うかんじょ》で祈るということがなされていた例と軌を一にする。このアクションは反戦思想とは関係なく、男性を優位とする封建的な考えであるが、根底には生命をまもる考えがやどり、ある意味で大和への反抗をためている。

本部村の徴兵忌避

別表（二）「沖縄県徴兵忌避事件受刑者郡別表」をみると、国頭《くにがみ》郡のなかで本部村受刑者が明治四三年以前と以後、ともに多いことがわかる。県全体の総計にたいする割合もそれぞれ二二・七％と一七・五％である。この場合の刑罰というのは、徴兵令違反で大体、重禁錮六か月から一年で、罰金一〇円から三〇円の範囲である。当時禁錮刑にはなんとかたえられたであろうが、一〇円以上の罰金を納めることは「民百姓」の階層には重刑であった。それでも本部村出身者に忌避事件受刑者が多かった。なぜ本部村にそれが多いのか、また罰金刑にたえられたのか。

沖縄の近世歴史書のなかに、しばしば「屋取《ヤドウイ》」という言葉が出てくる。島津藩が琉球侵略をおこなった数十年後、琉球王国の財政が逼迫してきた。そこで王国は、首里・那覇に集中居住することを余儀なくさせていた士族のうち、下級のものを地方の荒地や民百姓が耕作を放棄したところに分散居住させて農業を営ませた。これを武士の帰農という。その士族を屋取といい、もはやかれらは士族《サムレー》でなく農民であるが、気分だけは武士気取りであった。屋取を源流とする集落は、「琉球処分」のころ一三八あり、全沖縄の集落（間切）六〇〇のうち二三％をしめていた。かれらは総じて貧窮であったが、士族の誇りをもち、カタカシラ（琉球独特の髪結型）を結び、「琉球処分」を受け入れないものが多かった。かれらのことを頑固派とよんだ。本部の桃原地区にはいくつかの屋取集落があり、その居住者は清国の文化や学問を愛し、行住坐臥は総じて律儀であった。このような由緒から、桃原事件はある意味でおこるべくしておこったのでなかろうか。

話は前後するが、桃原事件発生五年を経過した時点で、その屋取を取材したジャーナリスト伊波月城《いはげつじょう》（伊波普猷《いはふゆう》の弟）は、掃除のゆきとどいた集落と耕作に力を入れていることを見せつける農場を見聞し、本部一帯が沖縄でもすぐれた農村であると賞讃している。当時、沖縄の新聞論調は、おしなべて桃原地区を罵倒していたなかで、月城の心境は必ずしも冷静ではなかっただろう。かれの筆致からよみとれる

別表(2)　沖縄県徴兵忌避事件受刑者郡別表

	受刑人員	
	明治31～43年	明治31～大正4年
島尻郡	70人	178人
中頭郡	149人	314人
国頭郡	117人 A（本部村 84人）	218人 A（本部村 136人）
那覇区	3人	5人
首里区	27人	45人
八重山郡	1人	4人
宮古郡	2人	10人
総計	369人（B）	774人（B）

総計にたいする本部村の受刑人員（A／B）は22.7％と17.5％である。
（『琉球救国運動』後田多敦著　Mugen　2010年）参考

のは、ここで続出する徴兵検査違反者が、過大な罰金刑という経済的仕打ちにもちこたえたのは、かれらの営農活動の実力と屋取たちの抵抗・団結精神が受皿になっていたのではないかと考えられることだ。

ここで日露戦争の概況にふれておこう。この帝国主義戦争における日本側の総戦費は、約一八億円であり、当時の一般会計予算が約三億円であったから、戦費はその約六倍である。国債発行額は約六億円、外債はおよそ八億円で、高い金利つきであった。当時の日本の総人口は、約五千万人、戦時動員された兵士は約一〇七万、戦死者は約一二万人、戦傷病者は約三〇万人であった。ロシア側の戦死・負傷者は約二七万人。果たして日本側の勝利であったのか。ロシアからの戦時賠償が僅少だとして、いわゆる日比谷焼打ち事件などが各地で連続しておこった。さらに、清国への侮蔑的心情の高まりのなかで、「日本政治の忌避」のあらわれとしての徴兵忌避が、沖縄ではなお衰えていなかったのだから、それは戦争嫌悪であった。それはたとえば、NHKテレビドラマ『坂の上の雲』などのいう能天気な話ではなかったのである。

いささか饒舌めくが、一九一一（明治四四）年当時、夏目漱石は、関西地方での講演で、とりわけ和歌山のそれで、「現代日本の開化」と題する演説をおこなっている。わたしはいつのころだったか、それを読んで漱石もなかなかやるじゃないかとわが膝をうったものである。今回、ふたたびそれを開く。「日本の現代の開化」は「外発的」であり「皮相上滑りの開化」であると規定し、「戦争（日露戦争のこと＝引用者）以後一等国になったんだという高慢な声は随所に聞く」

とかれ独自の婉曲な言い回しで当時の世相を批判的に語っている。この〝非政治的人間〟すら時流におもねることをよしとせず、「内発的に変化して行くが好かろう」と結んでいるのである。右の『坂の上の雲』をもって、後世の人が明治はそのような時代であったとすることにわたしは与することができないので、あえて贅言を弄した次第である。しかし、徴兵拒否という諸個人が発する峻厳な内発的なたたかいと、漱石のいう「内発的変化」とのあいだには、なおいくばくかの距離があるようでならない。

本部（桃原）事件のあらまし

一九一〇（明治四三）年五月、本部小学校で、少年時代に左肘を曲げざるをえないケガをしたある壮丁者を、徴兵検査医官が床に寝かせてクロロホルムをかけて昏睡状態にした。これがことの発端である。その様子を場外から見ていた兄弟や友人たちが教室（検査場）に入ろうとして、医官・警官たちとのあいだでさわぎとなった。何ごとかと物見気分の者も含めて村民二〇〇人ほどが結集したといわれる。徴兵検査への反対を示す一例である。医官や名護署の警官らが、サーベルをぬいて住民を威嚇する。住民はむしろ切れないサーベルをふりまわす警官にたいして、多少嘲笑気味な風体を示してわたりあい、校舎の器物破壊までやってのけ、双方にケガ人をだしてしまった。問題は不自由な体に医官が麻酔薬をかけたという非人間的医学処置にたいする正当な抗議が汲みとられなかったことだ。住民側は二三人起訴され、一二人に有罪の判決が下された。

懲役五年、罰金三〇円を最高とする徴兵令違反、徴兵官への脅迫・暴行、騒擾罪等々。検査官側の責任と罪状は明らかでない、一方的な判決であると住民側はみていた。

この事件の経過・事後処理のなかで、全県的な徴兵忌避防止策が徹底的になされた。前述の陸軍省軍務局堀大尉などは、今回の事件を好機として、よりいっそう徴兵忌避防止の大義がみつかったかのごとくのべている。既述のごとく、上は陸軍省・文部省から、下は沖縄県のすべての町村の在郷軍人会・青年会に至るまで動員して、一九一一（明治四四）年から「徴兵忌避予防実行方法」が実行されるにいたった。それはおぞましい、上からの「村ぐるみ」の〈徴兵狩り〉というべきであろう。また徴兵のための教育も小学校の段階からカリキュラム化された。教師たちは標準語教育のレヴェルアップのために動員された。県民にとってにがい記憶である。方言札の横行の源流はここにある。兵役以前において、すでに学童たちは戦士であることの誇りの教育をうけていたのである。

しかし、それでも徴兵忌避者もしくは拒否者は途切れることなくあらわれた。冒頭で紹介したように、阿波根さんは、壮丁者同士が「暗黙の抵抗」によって忌避をしめしあわせてきたと述懐している。

（福岡且洋「本部徴兵署暴動事件の再検証」など『浦添市立図書館紀要』一〇号、近藤健一郎「沖縄における徴兵令施行と教育」『北海道大学教育学部紀要』第六四号所収などを参考）。

本部事件をどうみるか

一九一〇（明治四三）年、本部という日本の辺境の、まったく名も知られていない僻村（※）におこった事件に、人びとはいかほどの関心をもったであろうか。

※　本部町は復帰後の一九七五年に海洋博が開催された町であり、本部町の豊原地区は米軍・自衛隊の通信基地があり、地区住民は基地設置に反対してきた。

当時の日本の様子をふりかえってみよう。

本部事件がおこった年のおなじ五月、いわゆる「大逆事件」につらなる「社会主義や無政府主義者らが天皇の命をねらっていた……」として数百名が検挙される。それだけで天皇の臣民たちは電光石火のごとく洗脳されてしまった。その年の十二月、傍聴人だれ一人出席することのない秘密裁判がひらかれ、翌年一月には幸徳秋水、菅野スガら二四人に死刑、二人に有期刑の極刑が宣告され、ただちに刑執行がおこなわれた。臣民の眼はそこに集中していた。

幸徳秋水（一八七一〜一九一一）は土佐同郷の先輩中江兆民（一八四八〜一九〇一）を敬慕し、学僕として東京にでる。兆民は自由民権運動がさかんになりしころ、『三粋人経綸問答』（一八八四／明治一七年）をあらわす。その一節にいわく、「世のいわゆる民権なるものは、おのずから二種あり。英仏の民権は恢復的の民権なり。下より進みてこれを取りしものなり。世また一種、恩賜的の民権と称すべきものあり。上より恵みてこれを与うるものなり。……もし恩賜的の民権を得て、ただちに変じて恢復的の民権となさんと欲するがごときは、豈《あに》（そんなことは）事理の序（ものごとの道理）ならんや」。恢復的民権（＝下からの革命）は明治期日本人民が追求したもっともレヴェルの高い思想傾向の一つであった。

秋水らは一心にそれをすすめんとしたが、ついに一八八九（明治二二）年、大日本帝国憲法の公布をゆるす。恢復的民権を発展させずにおわった。ジャーナリスト秋水は、『廿世紀之怪物帝国主義』（一九〇一／明治三四年）を世に問う。明治の国家こそ帝国主義であると明らかにし、日露戦争の戦雲急を告げるや非戦論を論ず。「徴兵制を崇拝するのは止めよ」とさけぶ。かれは各地の「教会」や寺社で社会主義の伝道や講話をおこなう。たとえば一九〇八（明治四一）年、紀伊半島の熊野地方を訪れて同志らに語らう（和歌山県在住、西郷章氏教示）。

一九一〇（明治四三）年五月、秋水らは検挙される。明治の臣民は少数の例外をのぞいて、かれらに憤怒とも怨嗟ともしれぬ感情をあらわにして、天皇への誓いをあらたにした。いささか饒舌めくが、秋水は上記『帝国主義』のなかで「我が皇上は自由と平和と人道を重んじたまう」（『現代語訳　帝国主義』遠藤利国訳　四六頁）とのべていることから、天皇個人に親愛をにじませている。

大逆事件とかたや本部（桃原）事件とは、一見不釣り合いなとりあわせである。しかし明治政府は天皇の命をねらう不逞の輩として社会主義者らを一網打尽にとらえた。それはフィクションであり捏造であるが、政府は社会主義の普及・拡大について危機意識をいだいていた。他方陸軍省軍務局は、沖縄県で徴兵忌避がやまないのを見届け、それが日本の政治への忌避であるととらえ、それを放置することは重大なる事態にいたると認識した。これも危機意識である。両事件はいずれも思想の弾圧である。明治のもっとも暗黒の年として、その自由民権の灯は消え、沖縄ではやがて「にが（苦）世」となる。本部事件から約一年後の一九一一（明治四四）年四月、沖縄で河上肇のいわゆる「舌禍事件」がおこっている。河上は伊波普猷《いはふゆう》の求めに応じて講演するのであるが、河上自身は「糸満の個人財産制度」と「地割制度」（百姓地の等量耕作・一定周期割替耕作制）を調査する目的で訪沖していた。四月五日の「新時代来る」という講演のなかで「……たとひ本県に忠君愛国の思想は薄弱なりとするも……」というくだりがあった。それを『琉球新報』の論説が「本県民を指して忠君愛国の誠に欠けたるを云々し、更に進んでは猶太《ユダヤ》、印度の亡国民の其の如くに評下し去て顧慮するなきに至っては、吾等沖縄県民の身にとりて、面上三斗の唊を吐き懸けられたる如き感あり、甚だ以って聴き捨てならぬ言葉なりとす……」と糾弾した。当時の県民の複雑な感情をにじませているが、皇民化論の主張である。「舌禍」事件として県民の世論の大勢は河上を論難する側にまわってしまった。河上に好意的な『沖縄毎日新聞』があり、比嘉春潮など直接講演をきき、青年層が河上に傾倒していったと語っている。とはいえ本部事件などをもまきこみながら、皇民化の波は衰えることなく、大正デモクラシーをくぐりぬけて押しよせてきた。

共有されなかった忌避事件の認識

徴兵忌避の問題、とりわけその象徴的な本部事件は、県民全体に必ずしも共有されてきたわけではない。その理由はひと言でいうと、日本の代々の政権が富国強兵・皇国史観の強行的推進のなかで、忌避の事例を一切なきものにしたからである。中国への侵略戦争から沖縄戦にいたるまでの期間、県民は天皇の赤子《せきし》、醜《しこ》の御楯《みたて》（天皇の楯となって外敵を防ぐ者）となり、沖縄は本土決戦への前線基地とされ、先人があがなった徴兵拒否・軍隊嫌悪の抵抗を一顧だにする状況でなかったのだ。県民のあいだには如上の政府方針へ同調し、お互いに圧力となるシステムの主体となるものが輩出した。それでも例外的に徴兵忌避を語りつぐ事例があった。本項はそれをあつかっている。本部村におけるイービシチャーの当事者たちが伊江島で「第二の屋取」をはじめ、耕地開発をつづけながら、その歴史的事実を記憶・継承し、主体的に営農実践をおこなったからである。

県民大衆にその歴史的事実（桃原事件）が注目されるようになったのは、一九七〇年前後、新川明氏が当時の新聞をよみかえして、事件の存在を指摘してからであり、それは「はじめて知ったおどろくべき事実」への衝撃であった（新川明『琉球処分以後』朝日新聞社　一九八一年刊）。ときあたかも「沖縄を日本にかえせ」の運動のもりあがっているとき、「沖縄を沖縄にかえせ」とでもいえそうなスローガンをかかげて、新川氏はそれを発掘したのである。以来、本部事件に代表される徴兵忌避行動は県民の日本政府への抵抗史の部分となっている。

近代化と侵略とを不即不離の関係ですすめてきた戦争国家にたいして、徴兵拒否は有力なアンチテーゼの一つである。標準語を語らないという意味での「声なき民」がそれぞれ命をかけて戦場に背をむけた、銃をとらなかったという夥しい事実が、なぜ沖縄にのこっているのかと問いかけてみる必要がある。帝国主義戦争の時代に、長期にわたって人民が徴兵制（国民皆兵）拒否をつづけてきたことに、わたしは驚きをかくさない。むしろ徴兵を拒否してきた者こそ、本当に人間はどうあるべきかを考えた人びとであるとすら思う。そして少なくとも後の世になって「平和愛好」を自認する人であるならば、かれらに真摯なまなざしをむけてみてはどうでしょうと考えたりもする。なおいっそう忌避事例やその行動についての歴史的発掘や認識をたしかなものにするため、忌避展示会やシンポジウムなどのイベントがおこなわれてしかるべきである。

伊江島真謝・西崎地区住民の抗米・土地奪還のたたかいは、沖縄戦後史上瞠目すべき抵抗の精神を発揮した。それがいわゆる「伊江島土地闘争」である。伊江島闘争については、拙著『阿波根昌鴻――その闘いと思想』（二〇〇二年）にくわしいので本冊子ではふれない。そのたたかいに反戦平和の思想があるのは、その胚芽が徴兵忌避のなかではぐくまれたからである。なかんずくそれは本部（桃原）の屋取を先祖とする自立・自営の農民たちの日本帝国主義へのぶれない抵抗の精神――「頑固」によって形成された。本部事件の敗者たちは、伊江島に新しい屋取をつくるべくふたたび一からはじめた。戦火にやきつくされ、敗戦後米軍に土地を奪われながらも、たとえばかれらは抵抗の痕跡を「陳情口説《くどち》」（野里竹松氏作詞）や女性たちの詠んだ「琉歌」（『米軍と農民』一〇四〜五頁）にのこしている。それらはたたかいと結びついた琉球独特の大衆芸能である。いうまでもないが琉歌は大和心をうたうことはない。

一九五〇年代、沖縄各地で米軍によって土地接収がおこなわれ、それぞれのたたかいがとり組まれたが、伊江島以外で琉球独特の大衆芸能のごときものがそのたたかいのなかで発せられたことを、わたしは寡聞にして知らない。

イービシチャー!!

三、移民・出稼ぎ労働者と宮城与徳

まえがき

本稿では移民と国内出稼ぎ労働者の問題をあつかう。沖縄県民が多数、海外へ移民したり、他府県（本土）へ出稼ぎでていった話は、ある程度知られている。ではなぜ、ここであらためてこの問題をとりあげるのか。それは、県民がそれらの経過をとおしてみずから自己解放のみちをどのようにたたかいとろうとしたのかということを明らかにするためである。かれらが、行く先々であらぬ偏見やおとしめにあうなかで、みずから、抵抗者になるありさまを見とどけたいのである。

移民県

沖縄で移民と国内出稼ぎのはじまるのは、大体、明治三〇年代である。謝花昇（一八六五／慶応一～一九〇八／明治四一年）に代表される、いわゆる「沖縄自由民権運動」が文字通り苦闘のすえ、後退し、挫折にいたるころ、かれの同志当山久三（一八六八／明治一～一九一〇／明治三四年）は「沖縄農村の将来と内外の情勢を考えて農業移民を企画した」のである。謝花も東京留学中の恩師から移民の必要性を説かれていたが、なぜかそれに関心を示さなかった（抵抗の観点からの謝花の業績をとりあげるべきであるが、わたしの能力のいたらなさから、言及することをひかえる）。

一八九九（明治三二）年、当山は、はじめ二七名の移民をハワイに送った。つづいて一九〇三（明治三六）年、当山が生まれた金武《きん》村出身者四八名を同地に送り、自身もハワイに渡航し、移民者の就労現場を見聞した。移民周旋会社が村内に斡旋所を設け、当山もその代理人となって活動する。このころの移民の対象者は「およそ教養の高い学校出」であった。しかし初期ハワイ移民者は耕地主との小作「契約移民」で、多くは苛酷な労働環境であったために、沖縄出身労働者を中心に労働争議がおこった。ハワイへの移民はそれ以後もつづくが、べつの場所でそれをあつかったので、本稿では割愛する。

当山久三の記念碑には、「いざ行かん　我等の家は五大州」とある。かれの精力的なとりくみは、もはや沖縄の官民事業となった。その事業は県民の窮状を解決するための「下から」の有力な打解策として認知されるにいたった。当山は政敵であった奈良原知事が移民に反対していたにもかかわらず、強硬に移民論を語り、奈良原の同意をえた。沖縄全体の移民の推移をみると、

一八九九（明治三二）年　二七名

一九〇三（明治三六）年　　　四八名
一九〇四（明治三七）年　　二六二名
一九〇五（明治三八）年　一、二三三名
一九〇六（明治三九）年　四、四六七名
一九〇七（明治四〇）年　二、五二六名

このころはハワイ、北米が大部分であり、〇六年はハワイブームであったが、〇八年「日米紳士協約」で自由移民・契約移民を制限し、すでに在米中の日本人家族による「呼寄移民」によることになった。それ以後移民数は変動する。また移民受け入れ国や地域もカナダ、フィリピン、メキシコ、ペルー、ニューカレドニアなどと多様化していく。沖縄はやがて日本で屈指の移民送りだし県となる。

さらに時代は下って、一九二〇、三〇年代になると、その数の増加と新しい出稼ぎ「外地」があらわれてくる。

一九一八（大正七）年　　四、一八七人
一九二九（昭和四）年　　四、〇〇四人
一九三七（昭和一二）年　三、八九三人

一九一四～一八年の第一次大戦後、国際連盟によって日本の委任統治領（一九一九／大正八年）となった、いわゆる南洋群島には、沖縄をはじめ他府県からの渡航・就労者が増加してきた。

この地域への就労は国境をこえないので、出稼ぎもしくは移住の性格をもち、「南洋移民」といわれた。一九四一（昭和一六）年には、この地域の日本人は約八万四〇〇〇人、そのうちの六〇パーセントは沖縄県出身者であった。ここでの県出身労働者・農民などの争議は後述する。

一八九九（明治三二）年から一九四一（昭和一六）年まで四三年間の沖縄県の移民の実態は、南洋群島をのぞく、出移民総数は七万二、二二七人で、それは日本全体の六五万五、六六一人の一一パーセントである。首位の広島は九万六、八四八人（同一四・八パーセント）である。一九四〇（昭和一五）年時点の出移民率は（海外在住者数を現住県人口で除すと）、沖縄は九・九七パーセントであり約一割。それは全国平均の一・〇三パーセントを大きくひきはなしている。沖縄はまぎれもなく、この時点で移民・出稼ぎ送り出し県である。

沖縄における移民・出稼ぎの背景

すでにみてきたごとく、移民・出稼ぎは明治三十年代以来半世紀にわたって潮流をなしてきた。（第二次大戦後もおなじ現象がみられるが、本稿では戦前に限定する）。

移民は通常家族と離別して、事実上かなり遠距離の他大陸国家・地域に赴く。そのとき、再会することがほぼ覚束ない気持をいだく。沖縄の場合、移民も出稼ぎも、家族へ送金する目的で働き、それが重要な任務となっていた。モウケテクルヨ、と家族にわかれの言葉を残して出港していった。かくて移民の理由は、基本的には県民の生活の困窮である。しかしその困窮のよってきたるものは不可抗力的なものでなく、総じて人為的、もしくは不作為的、すなわち政治的・社会的理由から発生している。つぎに、それを歴史的推移でみてみよう。

明治三〇年代

移民のはじまったこの時代とは、どんな時代的特色をもっていたのか。別稿でも若干のべているが、重要であると思うので煩をいとわずにのべる。日本の「近代」化、国内「統一」化の扉がひらかれた「処分」政策からすでに二〇年を経過しながら、沖縄の「民百姓」の生活基盤はほとんど改善の認められない時代であった。この二〇年間を「過渡期」といったり、「旧慣温存」（存続）期」とよぶ研究者もいる※註。つまり封建的琉球王国時代、「民百姓」が島津藩と王国へ貢いでいた税が、「近代」に入ってもなお、そのままつづけて納入するように余儀なくされていたのである。つまり租税のある部分、すなわち対島津関係が対大蔵省関係となり、対地頭関係が対県庁とあらたまっただけで、税法は一九〇三（明治三六）年まで旧慣どおり施行されていた。荷斂誅求のきわみといわねばならない。明治の治政になっても、村や間切に居住する民百姓もしくは地《ジー》人《ンチ》は、「地頭」の管理下にある農地を割替制（一定区画を地人に割当てて耕作させ、数年後に交替させる）によって耕作させられ、その生産高の六、七割ほどを税として貢納していた。明治三二〜三六（一八九九〜一九〇三）年の時点で「土地整理」がおこなわれ、そのとき割替地を耕作していた民百姓は、その割替地を私有地としてあてがわれた。そして私有地に対応する税（地税）は従来のような現物納でなく、金納制に変更された。官有（封建的所有）から私的所有制へ、現物納から金納制への方向性は明らかに近代的である。しかしその所有する農地面積の狭隘さと土地の生産力の低さでは、到底一家を養育していけるものではなかった。「土地整理」は本土における一八七三（明治六）年の「地租改正」にあたる。沖縄ではこの「土地整理」の結果、民百姓＝農民は大部分自作農であったが、きわめて零細農経営であり、貧困であった。なかには数町歩を所有する地主やそれの小作人も発生し、農村における階級分化や再編のすすむところもないではなかった。しかし、「土地整理」のとき以後、第二次大戦まで沖縄の農家は、上述のごとく零細自作農でありながら砂糖きび栽培を中心とする貨幣経済農業というパターンはかわらず、自給度の低い農業であった。その農業パターンは市場経済の影響をもろに受ける脆弱さをもっていた。他府県における米作（一部畑作）中心・自給農業とことなる歴史をここにみることができる。沖縄における明治年間の移民は、「土地整理事業」を見届ける形ではじまった。当山久三の遠大なスローガンは沖縄農民をして世界に雄飛せしめるものであったのかどうか、なお判然としないところがある。

前述の一九二〇年代、三〇年代の移民の増加の波をみると、それは明治期のものとは、まったく趣をことにする。以下でこの年代の移民をあつかう。

※註　この時期のもっとも「非近代的事例」の一つが宮古・八重山諸島に残存・放置され

ていた「人頭税」制度である。

いわゆる戦争景気から蘇鉄地獄へ

第一次世界大戦（一九一四／大正三～一九一八／大正七年）の勃発とともに諸物価が高騰した。砂糖の価格上昇にともなって沖縄の農家は水田や麦畑をへらし、さとうきびの栽培に転換して景気の波にのろうとした。数年間は好景気がつづいた。しかし、やがて景気は反転し、諸物価の下落とともに糖価も下がった。

砂糖相場　黒糖百斤当たりの価格

一九一八（大正七）年	九円二〇銭
一九一九（大正八）年	二二円七八銭
一九二〇（大正九）年	二四円四一銭
一九二一（大正一〇）年	一二円五七銭
一九二二（大正一一）年	一三円九銭
一九二六（昭和一）年	九円二八銭

（『新稿　沖縄の歴史』比嘉春潮　三一書房　一九七〇／昭和四五年刊　四六四頁）

右の推移のごとく、糖価は戦前の価格にもどった。きび栽培面積をふたたび狭くして、そこにもう一度米・麦を作付けするというわけにいかなかった。そのような資金はどこにもなかった。沖縄の農家は、さとうきびを栽培しているだけでなく、農家がいくつか集まって黒糖製造のためのユヒ（結ひ）を組んで、製糖場を経営していた。

「本県砂糖ノ生産組織ハ農工一体ニシテ甘蔗栽培者ハ一面製糖業者デアル。県下各部町村ニ亘リ四千余の小規模旧式製糖場（畜力利用）分立シテイタ」。つまり旧式製糖および改良共同製糖工場が大部分であった。そのほか大規模の近代的機械製糖工場が数か所あるくらいであった（第二二代沖縄県知事井野次郎から二三代蔵重久知事への『知事事務引継書』一九三〇／昭和五年）。

いいかえれば、沖縄の農業の中心には甘蔗があり、沖縄の主軸工業として製糖業があり、その製糖業は小規模畜力利用の旧式で共同経営されていた。つまり主要な生産物が農工未分離な経営状態のなかにあったのである。日本統治下に入った台湾（一八九五／明治二八年）では、すでに機械式製糖工業へ資本投下がおこなわれていた。たとえば台南製糖（株）などは工場周辺の農家から一元的にさとうきびを買いとる方式をおこなっていた。この台南方式の採用が県当局に申し入れられたが、井野知事などは最終的に承諾しなかった。台南方式によって沖縄農業・糖業に展望がひらけるというものでもなかった。なぜなら、甘蔗農家が新しく登場した日本帝国主義糖業資本に直接隷属することになるからである。さりとてそのまま従来の沖縄方式（農工未分離）をつづけたり、改良式にしてみたところで、農家の経営規模が小さく、家族労働を中心にしているかぎり、見通しは明るくない。また沖縄の製糖業は、当時黒糖生産が大部分であった。黒糖の市場が狭いにもかかわらず、それの製造に力を入れれば入れるほど、糖価の下落をもたらす。結局、きび栽培農家は、自分の首をしめるがごとき窮地においこまれたのである。以上のような沖縄の農業および工業（製糖業）の状態のうえに、「殺人的不況」といわれる「ソテツ地獄」がおそってきた（一九二一／大正一〇年）。　ソテツ地獄とは、ソテツ科常緑椰子状の植物の、その茎の部分を加工して主食の代用食とするところからその名が生まれた。沖縄では代々備荒食として栽培されてきた。ただし食用への扱い方が慎重でないと、毒性が含まれているために死にいたる。事実そのような実例は当時の新聞でたびたび報道されていた。沖縄の地方銀行は糖価上昇期に甘蔗農家に融資したが、やがてそれがこげつき返済不能になり、銀行も営業不能にいたった。金融的側面からも明らかに恐慌であり、それが循環的に好景気にいたらなかったので「万年不況」とすら語られた。上述の、一九二〇・三〇年代沖縄の移民労働者が四〇〇〇人をこえるという状況の背景にはソテツ地獄が襲来していたのである。

県民はソテツ地獄になにを考えたか

移民・出稼ぎの問題からやや離れるが、ソテツ地獄のなかでの、県民の歴史認識の変化、もしくは深化についてふれておこう。

新城朝功（一八九二／明治二五～一九四三／昭和一八年）は『瀕死の琉球』（越山堂　一九二五／大正一四年刊）のなかで、「沖縄県の今回の窮状はある突発的事業の為の救済すべきものではなく、遠く廃藩置県即ち明治十二年頃に始まり、当時より逸《はや》く救済さるべかりしものが救済されずに至り結局数十年に亘る苛斂誅求の結果が今日の惨状を惹起し」たのであって「某旱害地方救済問題とはその性質・内容が著しく相違して居るという點である」とソテツ地獄のよってきたる原因を指摘している。より具体的には、第二代県令（知事）上杉茂憲《もちのり》(※註)と書記官池田成章《なりあき》とによって作成された琉球経済救済に関する建白書（一八八一／明治一四年）を紹介することで説明している。建白書はつぎのように記している。「爾来星霜を経る既に三年租税依然として舊慣に依り、舊藩吏等自ら所得として取る所蔵役人心附等を併せて租税の中に包含徴収するに至る。然り而して共同の負債は昔日に減ぜず」「村邑《むらさと》の竈烟《そういん》は往時に変らず、教育を誘はんとするも、兒童を学ばしむるもの資なく……」「陋《ろう》民天日を見るの機、果して何れの時に在るや」。建白書は上からの視線で執筆されていることは承知のうえであるが、琉球人民へしかるべき治政がなされるべきであるという趣旨であるとよみとれる。建白書は時の大蔵卿松方正義に上申されたが、とり入れられず、翌明治一五年、上杉県令は辞任させられる。新城は以後「歴代内閣の秕政（悪政）」のために今やまったく「琉球」は破綻のドン底に苦悩しているとなげく。仲原善忠氏も「この四半世紀の立ちおくれが、その後非常なわざわいとなります」と記している（『仲原善忠選集　上巻』　沖縄タイムス社　一九六九／昭和四四年刊　四八七頁）。

新城の指摘以来、沖縄ではかずかずの救済論がさけばれてきた。『義人謝花昇伝』（新興社　一九三五／昭和一〇年刊）の著者大里康永は、『沖縄よ起ち上がれ』（新興社　一九三三／昭和八年刊）で新城と同様に書記官池田の建白書を大きく扱っている（湧上聾人編『救済論集』改造之沖縄社一九二九／昭和四年刊）。

※註　上杉の沖縄在任中の動向については、『沖縄の殿様――最後の米沢藩主・上杉茂憲《もちのり》の県令奮闘記』（高橋義夫著　中公新書　二〇一五年刊）参照。

県民がソテツ地獄を見つめるなかでたどりついた結論はつぎのごときである。それのよってきたる原因の主要なるもののひとつが、「琉球処分」とそれ以後の歴代日本政府の沖縄政策――政策の貧困さ――であるということ。この認識は、先まわりしていえば、戦後米軍統治下の沖縄でふたたび沖縄総体の歴史認識と現状確認を問う世論がおこったときにもちだされた。そして一九六〇年代には、「処分史観」ともいうべき沖縄の近現代史をつらぬく一つの視座が成立した。この歴史の見方のなかには、ソテツ地獄の経験を手がかりに県民の屈辱と抵抗の精神が発想されている。いみじくも「処分史観」は県民の抵抗主体形成への歴史的・理論的根拠として示されたのである。今日でも研究者のあいだで、それを容認する発言がみられる。たとえば仲村清司、宮台真司氏たちは、対談のなかで「処分史観のモチーフは、日本政府の対沖縄政策が沖縄県民にとって容易ならざる負担を負わせるものであるときにそう語られる」（『これが沖縄の生きる道』　亜紀書房　二〇一四／平成二六年刊）とのべている。目下、政府による辺野古基地建設にむけた作業がすすめられ、それを阻止するたたかいが展開されている。この基地建設は、たとえ普天間基地を閉鎖したとしても沖縄に限りなき将来にわたって米軍基地が存続し、県民は過大な負担感にさいなまれ、将来の世代に禍根をおしつけることになる。決して広くない沖縄の土地、そして美しい海・空を損壊することなく、飛行制限することなく後世にのこすこと。これが沖縄県民の意志である。他方で補償金をうけとって基地を容認しようとする人びともいるが、金銭であがなえない災苦であるとする県民が圧倒的に多い。「容易ならざる負担」が再生産されるかぎり、処分史観は生きつづけるであろう。

沖縄県振興計画

日本政府は、ソテツ地獄にたいして、ただ手をこまねいていたのであろうか、そうではない。ある程度の対策をたてて実行にうつした。県民や在京有識者たちによるたび重なる危機打開のための政策実施の要請がなされた。結局政府は、ソテツ地獄が発生して十年後の一九三三（昭和八）年から「沖縄県振興計画」を実施し、一五年後に終了させることにした。いろいろと分野別の目標があげられていたが、一九三七（昭和一二）年に日本が、いわゆる日中戦争に突入し、本格的な戦時経済がおこなわれると、「計画」は形骸化していった。当時農林次官であった石黒忠篤が、「沖縄は全国（台湾を含む）の砂糖産額の六・四パーセントであったが、それが十五年後も同じ割合である」とのべているごとく、当時の日本の砂糖の生産性を上まわるものではなかった。事業ベースでみた実施の達成率は低く、自然成長の範囲内にとどまっていた。一九四四年度までの一二年間の実施率は二〇パーセントと推定される（『沖縄大百科事典』　沖縄タイムス社　一九八三／昭和五八年刊　参照）。戦時体制の進展とともに「計画」はその形をとどめることはなかった。振興計画は、結局「処分史観」を粉砕するほどのパワーをもたないものであった。瀕死の沖縄を救え！　とさけんだ人たちは、涙をのんで、この悲しい顛末を見送った。「計画」実施期間にも出移民と出稼ぎ者の数は減少するというほどでなかった。第二次大戦までのあいだ、日本政府が沖縄によりそうがごとき政策をみせたのは、後にも先にもこれだけであった。

出稼ぎ労働者

出稼ぎ労働者の就労先は、主として本土、台湾および南洋群島であった。これらの就労場所で共通して発生している問題は、他府県人による沖縄出身者への偏見・差別と劣悪な労働条件であった。また就労先によっては個有の問題もみられた。たとえば、台湾における日本人警察官のなかには沖縄出身者が一定程度含まれていたが、かれらは内地出身者よりも職階は低くあつかわれながら、日本の統治に抵抗する台湾住民への抑圧者の位置を与えられていた。つまり、沖縄出身者が植民地支配の一端をひきうけざるをえなかったという問題である。それは被差別者が差別者の役割をにない、差別の連鎖をつくりだす構造でもある。

以下、上記就労先のなかでの注目すべきたたかいをみていく。

表１　南洋群島在住者人口総数（表）
（サイパン、ヤップ、パラオ、トラック、ポナペ、ヤルート）

出身別＼年次	1922	1927	1932	1937	1941	1942
内地人	3,161	8,831	28,006	61,723	84,245	86,705
（うち沖縄出身者）	702	5,132	15,942	34,237	53,206	54,854
朝鮮人	146	147	278	579	5,824	6,407
島民（カナカ、チャモロ族）	47,713	49,861	50,069	50,849	51,089	51,951
合計	51,020	59,839	78,353	113,151	141,158	145,063

（出典『日本統治下南洋群島に暮らした沖縄移民――いま、ひとびとの経験と声を学ぶ』2013年　森亜紀子編著　新月社）

南洋群島におけるたたかい

南洋群島では、一九二二（大正一一）年の南洋庁設置以来、日本人の在留者が急速に増加した。とりわけ沖縄出身者の割合がいちじるしい。別表の「南洋群島在住者人口総数」をみると、一九三七（昭和一二）年の在留日本人総数は六万一、七二三人、そのうち沖縄出身者は三万四、二三七人、その割合は約五六パーセントである。一九四二年になると日本人八万六、七〇五人、沖縄出身者は五万四、八五四人で、六三パーセントである。南洋興産（ＮＫ）という国策会社が、沖縄でもっとも精力的に出稼ぎ者の募集をおこなった。当時、沖縄でもいわゆる満蒙開拓移民・満蒙開拓青少年義勇軍の募集が官民あげて実施されていたが、そちらへの志願者は概して少かった。

ここで注目すべきは、先住民としてのカロリニアン、チャモロなどが五万人をこえる規模で居住していることである。しかし南洋庁が、かれらにたいして戦中・敗戦後、いかなる処遇をしたのかを、わたしは寡聞にして知らない※。『日本統治下南洋群島に暮らした沖縄移民――いま、ひとびとの経験と声に学ぶ』（森亜紀子編　新月舎　二〇一三／平成二五年刊）をみても、敗戦後帰国した沖縄出身者の南洋群島での生活体験の報告のなかに、先住民の存在がほとんど語られていない。もう一つ注目したいのは、朝鮮人が一九三七（昭和一二）年に五七九人だったものが、四一（昭和一六）年に五、八二四人に激増していることである。この現象は一九三九（昭和一四）年からはじまる、いわゆる朝鮮半島における「労務動員計画」による「強制連行労働」以外に考えられない。こうして群島内に人種・民族のさまざまなものが人為的に押しこめられ、各住民間に地位・身分・労働条件などの格差がつくられ、日本帝国主義の新しい植民地が形成された。

一九二一／大正一〇年、東洋拓殖（株）を母体に設立された南洋興産（以下「興産」と略す）は、植民、製糖、酒精、燐鉱、水産および金融など広範囲に事業をいとなんでいた。最盛期には約六万人の従業員とその家族を擁していたといわれる。「興産」は、出稼者に渡航費その他の前貸制、甘蔗栽培のための社有農地での小作制度を導入していた。一九二二（大正一一）年、サイパン・沖縄間に直行便が就航し、沖縄県に南洋ブームが訪れた。前掲表では、一九二二年の沖縄からの就労者七〇二人が、二七年には五、一三二人と激増している。一九三八（昭和一三）年の群島内の全蔗作戸数にたいする沖縄出稼ぎ（小作人）の割合は、サイパン島一、五五六戸にたいして一、二一二戸（七八パーセント）、テニアン島三、〇〇三戸にたいして二、〇七六戸（六九パーセント)、ロタ島一、四一二戸に一、〇四三戸(七四パーセント)という、圧倒的多数をしめていた。この沖縄出身者の多くは、農民もしくは甘蔗栽培経験のあるものである。

漁業移民にたいして農林省から奨励金が支出されたために、パラオ、トラック島などでカツオ漁がはじめられ、漁業者の九割が県出身者であった。沖縄県人を度外視して南洋群島の開発問題の解決はないとさえいわれた。しかしべつの言い方をすれば、沖縄出身者が、事実上日本帝国の南進政策のにない手であったのでないか。そして、やがてかれらは、その政策の最大の犠牲者となったのである。

※ 日本は敗戦後、旧南洋群島住民に戦時賠償と謝罪をまったくおこなわなかった。基本的にはサンフランシスコ講和条約で日本は、旧敵国・植民地にたいして無賠償を承認させたからである。つまり責任をとらなかった。同時に日本人民のあいだから主体的にその責任を問いかけることをほとんどしなかった。
二〇一五年四月、天皇・皇后はパラオ共和国を訪問し、旧日本軍兵士戦没者の碑に礼拝をおこなった。かれらはそれを久しく念願していたという。またアジア・太平洋上の戦闘における全犠牲者のなかで、ひたすら日本人犠牲者のみを悼む行為をおこなったのであって、激戦の当事者であり、深刻な被害を蒙った群島内の住民(チャモロ、カロリニアンなど)にたいして天皇たちは一顧だにしていないのである。住民にとっては郷里である地域一帯が夥しく破壊されたにもかかわらず、である。

天皇たちの訪問にかかわって、もうひとつ不信感の拭いきれないのが、マスメディアの報道姿勢である。つまり島嶼住民の戦争犠牲（侵略犠牲をも含む）と日本の戦争加害責任の承認と謝罪問題について、マスコミはほとんど報道しなかった。これでは該当地住民の戦争被害はなかったことになる。

「興産」にたいするストライキ

一九二七（昭和二）年、「興産」が経営する工場と農場（工場直営の農地と会社所有小作地）で工場従業員と小作農民約四、〇〇〇人が、同盟して二か月にわたってストライキをおこなった。沖縄出身の従業員は、契約違反の低賃金制と他府県出身従業員とのあいだの賃金格差にたいして抗議のストをおこし、他方甘蔗を工場にもちこむ小作農民は、会社側の甘蔗キビ計量不正を指摘した。沖縄出身の従業員と農民が県人会を組織して戦闘的にたたかった。争議は一九三二（昭和七）年にもおこなわれた。ストライキ参加人員は約六、〇〇〇人に達したといわれる。甘蔗キビ計量とブリックス（甘味）測定不正および情実的な取引などが明るみにでて、争議は長期化した。県出身者にしてみれば、会社側が県人を侮蔑している姿勢が許せなかったのである。県選出の衆議院議員や県議会議員などが調停にあたったが、争議は労働者・農民側の敗北におわった。この争議は沖縄地方紙上でもたびたび報道されて、県民の差別解消と平等な権利意識向上にむけて関心がたかまった。沖縄青年同盟も支援をよびかけた（『沖縄大事典』参考）。

表２　県外出稼者数（沖縄、製糸・紡績関係）

		1925 大正 14	1928 昭和 3	1930 昭和 5	1932 昭和 7	1934 昭和 9
製糸	男	290 人	642 人	702 人	1,306 人	647 人
	女		1,504 人	1,122 人	1,712 人	785 人
紡績	男		2,435 人	1,363 人	1,851 人	873 人
	女	5,701 人	6,185 人	3,833 人	2,587 人	2,103 人
男性	合計	290 人	3,077 人	2,065 人	3,157 人	1,520 人
女性	合計	5,701 人	7,689 人	4,955 人	4,299 人	2,888 人

（出典　「沖縄出身の紡績女工たち――その実像を求めて」比嘉道子　『沖縄・女たちの〈昭和〉――第三期女性史講座記録』所収　1989　那覇市首里公民館刊）

本土における出稼ぎ労働者の活動

出稼ぎ者の就労地域は、京浜、中京、阪神および北九州の、いわゆる四大工業地帯にひろがり、女性の場合の就労先は、生糸や紡績のある西日本の各地に散在している。表２「県外出稼者数（沖縄、製糸・紡績関係）」が示しているごとく、一九二八（昭和三）年には、製糸・紡績の男子合計三、〇七七人にたいして、女性は七、六八九人である。これは製糸・紡績関係の出稼ぎ人数であるが、阪神地方にはこれを含めて数万人が就労していた。労働運動もまた阪神地域で活発であった。

この地域でひときわ顕著な活動をしたのが、井之口政雄（一八九五／明治二八〜一九六七／昭和四二年）と松本三益（一九〇四／明治三七〜一九八八／昭和六三年）である。かれらはともに日本共産党員であり、戦前・戦中にいわゆる〝転向〟することなく、敗戦後いち早く党活動を本土で再開した。第一次日本共産党結成のころの沖縄出身者は、徳田球一（一八九四／明治二七〜一九五三／昭和二八年）、永丘（旧姓饒《よ》平《へ》名《な》）智太郎

（一八九一／明治二四～一九六〇／昭和三五年）、仲宗根源和（一八九五／明治二八～一九七八／昭和五三年）およびその妻の仲宗根貞代と井之口である。貞代はまもなく源和と離婚し、源和は後年右翼に転向。他方沖縄在住の無産者運動の指導者として活躍していたのが山田有幹（一八八八／明治二一～一九七五／昭和五〇年）らである。本土でアナーキズム・ボルシェヴシズム論争がおこなわれたとき、ほとんど同時期に沖縄でも、その論争がはじまっていた。山田たちはそのなかで成長し、やがて井之口や松本らにその運動がひきつがれていく。

井之口は関東大震災前、慶應大学理財科を二年で中退し、労働運動に参加、マルクス主義に興味を示していた。震災後、東京から関西に移ってきて、いっそう活動に力をいれた。かれはそこで赤琉会というマルクス主義の研究グループの結成を構想していたが、たまたま大阪で労働運動をおこなっていた松本三益と接触する（一九二三／大正一二年）。赤琉会は共産主義の理論研究だけでなく、関西在住の沖縄出稼ぎ労働者の差別反対と生活窮状打開のための運動を手がけた。井之口や松本らは、一九二四（大正一三）年に関西沖縄県人会を結成する。またかれらはそのころ県出身の未組織労働者や失業者を中心に「日本労働総同盟予備軍倶楽部」を組織して、大阪市電や私鉄の労働争議の応援などに参加した。

松本は一九二六（大正一五）年、東洋紡績三軒家工場三、〇〇〇人の女工争議を指導した。この女工のなかには沖縄県出身者が多数含まれていた。かれはそのとき、関西紡織染物労組常任執行委員・争議部長であった。ただしその争議指導のかどで騒擾罪の嫌疑をうけ、起訴され、一年ほど大阪刑務所に服務する。

〝沖縄女工哀史〟を象徴するうたがのこっている。

かごの鳥より監獄よりも、
寄宿舎住まいはなおつらい。
寄宿舎流れて工場焼けて、
門番コレラで死ねばよい……

長時間労働にもかかわらず賃金は安く、親もとへの送金のために充分な食事もとらず、結核に罹って会社をやめる者もいた。沖縄へかえってから死亡する女性がいたといわれる。「墓場への行進」という記述が印象にのこる。「県外出稼者数（沖縄、製糸・紡績関係）」の表をみると女工の数が一時期きわめて多い。比嘉道子氏は「哀史的史観」でない体験者の話をききとっている。わたしは「哀史的史観」でみるのか、「楽しい思い出」でぬりこめるのか、その判断能力をもたない。これは今後の課題である。

県人会運動

井之口が、徳田球一に県人会結成について相談をもちかけたことがある。徳田は、それはブルジョアの巣窟になるとこたえた。井之口たちはその指摘に留意しながらも、経済的にも精神的にもおいこまれ、スラム街に肩をよせあっている沖縄出身者に、沖縄言葉（ウチナーグチ）で県人会に入ることをよびかけた。井之口と松本は少年時代沖縄で成長しているので、沖縄言葉を身につけていた。また沖縄出身者でありながら大阪で学校の教師などをしている者が、当時三～四〇人ほどいたが、かれらは井之口たちのよびかけにいっこうに関心を示さなかった。井之口たちは、教育を充分にうけていないプロレタリアート、というよりはルンペン的な生活をしている県出身者の組織化をめざした。徳田の意見がまったくまちがっているということではない。ちなみに、当時東京を中心とする関東地方の県人会をみると、それらはおしなべて、その幹部席に旧琉球王家や地頭の末孫が顔をならべていた。関西では、たとえば岸和田、堺、宝塚および神戸などのスラム街に沖縄出身者のむれがあった。井之口は「県人会は朝鮮人連盟に似ている」といっている。かれは民族や同胞（同郷人）を媒介とする社会主義運動の構築を考えていたのではなかろうか。

沖縄県人会や沖縄青年同盟がどれほど活動領域をひろめたのか、数値的にのべることはできない。しかし「大阪沖縄県人会」に所属し、労働運動にかかわってきた人の記録がある。それをよむと県人会の有様と認識水準がある程度理解できるようだ。たとえば親川孝芳氏の場合。

親川孝芳氏　一九一六（大正五）年生まれ、インタビュアーが取材した二〇〇〇年当時、八四歳。親川氏は自分史の『足跡――親川孝芳回想録』一九九五（平成七）年刊の「あとがき」に、つぎのように記している。

「……いま、自分の人生を振り返ってみると十七歳の時、勤めていた工場（たわし製造工場＝

引用者注）でストライキが起きて一か月余の争議の中で、組合幹部からいろいろな社会の仕組の話を聞いて、階級意識に目覚め、以来六十年間一貫して社会主義思想に関心をもつようになり、この道を歩み続けてきた。それはいろいろな苦難を伴なう道のりであった。そのため家族にも苦しみを味あわせたが、それは運動の一環で、そのぶん弱い人々の味方をしてすみよい社会の建設をめざして人間らしい生き方をしてきたと自負している」。

親川氏は自分の生涯を社会主義思想をもった生き方に結びつけている。また氏は「一九六四年に沖縄の日本復帰を目指す〝沖縄を守る会〟を結成し、支部長に就任した」（『名護市史　本編七　社会と文化』　名護市　二〇〇二／平成一四年刊）。

県人会は、戦中大政翼賛会などの影響をうけて「報国沖縄協会」などに名称と会内容の性格までかえてきたが、敗戦後ふたたび「県人会」として定着し、沖縄のさまざまな課題にとりくんできている。

井之口や松本らの活動の特徴

井之口らの活動を、くりかえしになる部分もあるが整理しておこう。かれらの活動は、当時の日本における共産主義、社会主義および無産者運動のなかで、以下のような特徴をもっていた。その一つはプロレタリアートの階級意識とはべつに、沖縄への偏見・差別という特定地域とその居住者だけにふりかかってくる社会的不正にたいする抗議の意思をいだき、差別解消のための運動を課題としていた。

　井ノ口の生いたちをふりかえると、沖縄県出身であるというだけで被差別の体験をし、自分の人生の方向を決定したかのごとき感がある。かれの父は鹿児島県出身の商人（寄留商人）で那覇で営業しながら沖縄出身の女性と結婚した。かれの父が早死したために、かれは一三歳まで那覇で母の手で育てられたが、のちに母の手をはなれて鹿児島の父の実家で成長する。鹿児島一中に通うようになっていたが、そこでは母が「琉球婦人」であるために、薩摩の琉球に対する排他的・差別的風土の影響も加わって、たいへん苦労した。この体験が、差別解消のための運動の大きな動機であったと考えられる（松本三益「井ノ口政雄さんの思い出――その思想と行動」一九八〇年『兵庫県社会運動史研究』第五号所収　二〇一五年刊）。

　この差別解消の運動は、それ自体広く人権擁護という、いわばブルジョア民主主義の課題である。この人権・平等をテーマにすることで社会主義運動の窓口が広くなり、組織化においてもかなり成果をあげた。つまり階級間に生ずる搾取・収奪にかかわる問題と前近代的思想の遺産としての差別の問題を、同時に、トータルにとらえていく組織活動をおこなったのである。赤琉会や関西沖縄県人会や沖縄青年同盟の活動がそれである。

　もう一つは、これと関連するが、広い人民連帯運動創出のにない手であったこと。かれらは、はじめ沖縄出稼ぎ労働者を対象に、生産現場や居住地域で組織化をしていたが、その経験から出身地沖縄で、労働者、農民の階級意識形成の必要性を感じて、そこをもうひとつの運動圏として拡大した。沖縄青年同盟をとおして樽皮屋（タルガーヤ・沖縄の黒糖を本土に出荷するときにつめる容器—木製円筒形をつくる職人）・沖仲仕・大工・左官・新聞記者・銀行員・会社員・教員などを組織し、労働運動をはじめていった。これらの運動はアナ・ボル論争時代以来当地で成長してきた活動家、たとえば前述の山田有幹らとともに牽引されてきた（ここで沖縄で労働運動にたずさわった多くの活動家の氏名を割愛するのはしのびがたいが、紙幅の制約上やむをえない）。

出稼ぎ労働者や県内在住労働者・人民の組織化には、ナショナルな運動の波長とあわせなければ、今進行中のローカルな運動そのものさえ分散すると、かれらは感じたのだろう。つまりかれらは、沖縄というローカルなところの組織化をつうじて、全国的組織につなげる手だてをつくったということだ。かれらは阪神間と沖縄をつねに往来していた。労農党や共産党の細胞（支部）を那覇に結成したり（一九二六／大正一五年）、無産青年同盟の支部として沖縄青年同盟を結成した。

「同盟」結成時のエピソードを紹介しておきたい。それが一躍全国的に有名になったのは、広津和郎の小説「さまよえる琉球人」（『中央公論』一九二六（大正一五）年三月号）にたいする抗議活動がおきたからである。同盟は三月に那覇公会堂で結成大会をひらき、その場でこの小説の筆者に抗議することを決定した。当時の沖縄出身者のおかれている状況のなかで、広津がその小説のなかで「琉球人」を消極的な人物として描写していたことは、いっそうその偏見を助長するおそれがあると考え、山田や松本らが中心となって抗議文をつくった。広津は抗議文をよむと、ただちに「弁明書」をしたため、その作品を発禁にすることを『中央公論』（同五月号）に発表した。広津の真摯な態度と、よくねられた抗議文の発表によって、沖縄出身者の状況が広く知られるところとなった（一九七〇年、同作品は復刻された）。

当時、沖縄出身の労働者や青年が全国の仲間と手を結ぶということは、想像を絶することであった。

徳田球一の活動と比較すると、井之口・松本らの活動の特徴がいっそう明らかになる。徳田の功績を低く評価するつもりは毛頭ないが、かれは党中央にあって（獄中はべつとして）、井之口や松本のように沖縄にこだわるようなことはなかった。また沖縄にこだわることで階級意識が希薄になるということでもなかった。井之口らの大正末期から昭和初期の共産主義運動は、全国的にみても珍しく貴重なものであった。またかれらの仕事を沖縄人民の抵抗主体形成の文脈でみていくとき、全日本の労働者階級の階級闘争の一翼をになうという形で一つのモデルをつくったといってもよい。

かれらの運動は、他府県民と対立するのでなく、同一国内でともに同居・並存・連帯しながらも、沖縄出身であることを忘れない部分をもつことで、抵抗の姿勢を担保している。

以下、参考文献をあげておく。

『資料版日本プロレタリアートの歩んだ道』　絶版　法政大学図書館所蔵　井之口政雄　一九五九／昭和三四年刊

表3　アメリカ本国への沖縄出身者の移民（戦前）

年　次	移住者数	1916（大正5）年	25人	1930（明治5）年	
1903（明治36）年	51人	1917（大正6）年	42人	1931（昭和6）年	2人
1904（明治37）年		1918（大正7）年	90人	1932（昭和7）年	4人
1905（明治38）年		1919（大正8）年	80人	1933（昭和8）年	2人
1906（明治39）年	92人	1920（大正9）年	35人	1934（昭和9）年	
1907（明治40）年		1921（大正10）年	25人	1935（昭和10）年	
1908（明治41）年	1人	1922（大正11）年	38人	1936（昭和11）年	16人
1909（明治42）年		1923（大正12）年	61人	1937（昭和12）年	21人
1910（明治43）年		1924（大正13）年	59人	1938（昭和13）年	36人
1911（明治44）年	6人	1925（大正14）年	4人		
1912（大正1）年	15人	1926（昭和1）年	2人		
1913（大正2）年	37人	1927（昭和2）年	9人		
1914（大正3）年	24人	1928（昭和3）年	9人		
1915（大正4）年	27人	1929（昭和4）年			

（出典文献名記述失念）

『写真でつづる松本三益のあゆみ――年譜・著書・論文目録・資料』　一九八八／昭和六四年刊

『兵庫県社会運動史研究』第四号　二〇一四年刊

『沖縄の無産運動』　安仁屋政昭　ひるぎ社　一九八三／昭和五八年刊

『南洋と私』　寺尾紗穂　リトルモア　二〇一五年刊

アメリカ移民

はじめに、沖縄出身者のアメリカ本国への移民の推移をみておこう。一八八九（明治二二）年から一九〇二（明治三五）年までの移民は十数名で、学術研究（留学）や徴兵忌避を目的とし、当時のインテリや「処分」抵抗士族の家族および富裕な家庭の出身者である。経済的な理由（貧困）からの北米移民は、既述のごとく一九〇三（明治三六）年からである。

「アメリカ本国への沖縄出身者の移民（戦前）」表3をみると、その流れは、明らかに中断や減少の傾向がみられる。これは沖縄出身者のみならず、日本全体の対米移民の傾向と一致する。すなわち全米で、とりわけ西部のカリフォルニア州で、アジア人排斥、日本人移民受入れ拒否の世論や州議会での移民拒否の法律が成立したという事情がある。それでも一定の人数のみえるところでは、すでに移民した家族が日本にいる同族のものを「呼び寄せ」したり、メキシコなどから密入国した移民者がカウントされているからである。さらに移民者は圧倒的に独身男性が多いから、結婚相手に日本女性をえらぼうとする傾向がつよい。そこでお互いに写真一枚を送りあって結婚をきめる写真結婚（Photo Bride）がおこなわれるなど、移民者側でいろいろ対策をこうじた。しかしアメリカは、それらをも禁止した。またアメリカ合衆国からカナダへ転航する例もあった。

石橋湛山などは、すでに一九一三（大正二）年に「我に移民の要なし」（『東洋時論』社説『石橋湛山評論集』　岩波書店所収　二〇一四／平成二六年刊）という独自の移民不要・否定論を発表している。人口過剰問題の解決策として北米への移民論が喧しかったとき、石橋は、感情に立脚したアメリカ市民のナショナリズムの高揚に対応するのは至難事であり、工業や貿易の発達によって生産性をあげて移民をさけ、人口問題の解決策を追求すべしと提唱した。この論説は傾聴するに価する側面もあるが、沖縄の現状と移民の潮流をみていくとき、石橋説はあえて脇におかざるをえない。

県出身の移民者は、北米でどんな問題に当面し、それにどのように対処したのか。

かれらの就労先での仕事は、はじめは大農場の小作人（契約労働）や、季節労働者として農作物の収穫時期にあわせた不安定労働や、園芸師のもとでの補助労働であった。労働条件がきびしく、知識・技能をもっていない移民者にとって賃金はきわめて低かった。サンフランシスコやロサンゼルス付近にたむろする県出身者は、はじめ親睦的な交流活動から県人会を結成した。一九〇八（明治四一）年に「北米沖縄クラブ」がロサンゼルスに結成され、それは「南加沖縄人会」と称していた。それ以後県人会はいろいろと変遷をとげていく。とりわけ一九二一（大正一〇）年、屋部憲伝、又吉淳、幸地新政らは、「黎明会」という、青年が自由にさまざまな社会問題を議論できる一種のサークルをつくった。なぜこの時期にこのような組織をつくったのか。それは以下でみるごとく、ひろく反日運動ともいうべきものが、そこでおこっていたからである。一九二三（大正一二）年になると、カリフォルニア州議会で、市民権をもたない日系人の土地所有および農業経営を禁止する「土地法修正法案」や、日系移民に与えられていた三年の借地権まで剥奪される法案が可決され、翌（一九二四）年、排日と日本人の移民禁止をねらいとするアメリカ新移民法も制定された。在米日本人にとって、これらの法制化は無視できなかった。それはまさに死活の問題であり、かれら一人ひとりがこれらの法規にどう向きあうのかが問われた。県人青年層の集まりである黎明会は、アメリカのナショナリズムにたいして真摯にむきあえばあうほど「左翼化」していくのだった。既存の県人会幹部は黎明会を異端視し、県人会員のあいだに感情や意見の分岐・齟齬・対立が生まれてきた。そうじて沖縄出身者を含む日本人は、アメリカ社会における偏見、白人によるアジア人蔑視にさいなまれていた。

黎明会はやがて外圧と内圧によって組織上、複雑な変遷を経験する。外圧とはアメリカ社会から会に加えられるプレッシャーであり、内圧とは既存の県人会の組織再編によって生ずる問題と黎明会内部での意見の相違からくるものである。一九二五（大正一四）年、黎明会は運動を活発化させ、それにつれてメンバーが増加してきた。そこで黎明会の名称を「社会問題研究会」にかえた。なかには「日本人労働協会」と称するものもいた。沖縄出身者以外のものの加入も承認した。非日本人も加わった。他方、従来からある「在米沖縄青年会」も再組織され、又吉淳や照屋忠盛らがその中心メンバーとして活動した。

この時期、沖縄青年会（黎明会）運動で指導的な役割をになった屋部憲伝のことについてふれておこう。

屋部憲傳（一八八八／明治二一～一九三九／昭和一四年）は、帝国陸軍士官屋部憲通の息子である。父憲通は、沖縄では〝屋部軍曹〟の名で知られ、かれはその地に徴兵制が実施される以前に志願兵として帝国陸軍軍人になり、沖縄男子を日本軍人たらしめんとしたが、位階が下士官であったときに、そのように呼ばれた。その軍人を父にもつ憲伝は、県立の中学校を卒業して、二十歳のとき、キリスト教を学びたいといってはじめハワイに赴き、やがてアメリカ本土に渡った（一九一二／明治四五年）。かれは徴兵拒否、もしくは良心的兵役拒否者（A conscientious objector）と目されていた。

当時、かれ以外にも徴兵忌避してアメリカに渡ったものがいた（本書38ページ「二、いわゆる本部（桃原）徴兵忌避事件から伊江島闘争へ」参照）。憲伝はキリスト教徒でありながら、黎明会活動のなかで社会主義の方向に考えを移し、やがてアメリカ共産党に入党する。また憲伝は、渡米してまだ日の浅い宮城与徳の、生活上のもろもろの世話をし、なにくれとなく助言をした。与徳は憲伝よりも一五歳も若く、かれには憲伝が大先輩のごとくみえた。一九二九（昭和四）年からはじまった世界大恐慌は、沖縄出身者にもその影響を大きく与え、働いても土地が所有できず、所有したばかりの土地を手放さなければならないということで、沖縄青年会は失業や生活不安を抱くものをたくさんかかえた。そうして青年会自体が、社会主義の方向に軸足をおくようになった。

サンフランシスコ在住の野本一平氏は、沖縄青年会の活動の一端をつぎのごとく紹介している。

一九三一年八月十五日演説会

Ａ　不景気について　　照屋忠盛

Ｂ　階級闘争　　又吉淳

Ｃ　反宗教同盟　　屋部憲傳

Ｄ　羅府（ロサンゼルス）プロ芸術について　　大兼久徳次郎

Ｅ　感想　　島正栄

これがそのときの題目と演説者である。また同年十月三日、屋部たちの「反宗教同盟」が労働大衆党の賀川豊彦批判の大会をおこない、大盛況であったという記録を紹介している。

野本氏は、沖縄県出身者の活動は「本土の他県人移民にはあまりその例を見ないという。たとえば日本人移民の多数を占める広島県人の移民史の推移の中で、移民青年が積極的に社会思想（正しくは社会主義思想＝筆者注）を学習し、その運動に積極的にかかわった例を全く見ない」（『宮城与徳――移民青年画家の光と影』　野本一平　沖縄タイムス社　一九九七／平成九年刊八三頁）。つづけて氏は「このような沖縄青年の移民地における行動と事績こそが宮城与徳を生み出す母体となっていた」と指摘している。

宮城与徳――アメリカ移民労働者の一つの典型

わたしは以下で、宮城与徳（一九〇三／明治三六～一九四三／昭和一八年）を、アメリカ移民労働者、沖縄青年会、もしくは黎明会の一つの典型的人物として紹介したい。

与徳は、いわゆるゾルゲ事件の重要人物である。戦後の日本人は、その研究者はべつとして、多くは、ゾルゲ事件をある先入観をもってうけ入れてきているのでないかとすら思う。しかしゾルゲ事件は、当時の企画院事件（被疑者・芝寛、和田博雄ら※）、横浜事件（同　細川嘉六ら）とともに、検察当局によってつくりあげられた一連の捏造事件の一つであり、昭和研究会のメンバーが右の事件でとらえられた。官憲側は、その一つをゾルゲを中心とする国際諜報団事件と称し、「一九四一（昭和一六）年十月十八日逮捕されたゾルゲらの内外諜報機関員十七名にかかわる国家機密漏洩事件」とした。官憲は極秘裡に捜査と取調をおこなってきたが、十月十五日尾崎秀実《ほつみ》（筆名白川次郎、草野源吉）、十八日ゾルゲ検挙の発表の流れのなか、近衛内閣は総辞職するにいたった。昭和研究会は近衛のシンクタンクであるというのが官憲の見立である。尾崎はその研究会のメンバーであった。近衛は、いうなれば事件をおこしたことは「聖旨にそむき奉り、不肖不忠、責任をとって内閣総辞職」をおこなうといって、その事件を大逆事件の扱いとしたのである。翌日、東條英機内閣が成立した。

※　企画院事件については、さいきん、その中心人物である芝寛氏の『芝寛　ある時代の上海・東京——東亜同文書院と企画院事件』志真斗美恵著（績文堂　二〇一五年刊）によって「事件」の全体像が明るみにされている。

戦時下の反体制運動の一環

いわゆる「ゾルゲ事件」を、官憲の捏造事件であるとすることには、わたしも同意する。しかしその捏造であらざる部分、すなわち現実にゾルゲ、尾崎、与徳、ヴェーケリッチ、※※およびクラウゼンたちが存在し、戦中にあって、現実になにがしかの「運動」というべきものをおこなっていたことはたしかである。それをどのようにうけとめるのか。わたしはそれを、広い意味での「戦争下の反体制・反戦平和運動の一環」として理解したいのである。一九三四（昭和九）年、かれらが邂逅し、一九四一（昭和一六）年十月に逮捕されるまでの七年間、かれらは綿密な連携のもとに、一定の原則にしたがって、日々、それぞれの活動をとりさばいてきた。そしてたとえば、尾崎秀実の署名で発表される多くの文章や座談会での発言などは、秀実個人の見解としているものやそうでないものがあり、つねにブレンドされて発表されている。尾崎の尊敬する先輩中国研究者中江丑吉などは、尾崎君は書きすぎる、と案じ、不安視していたほどである。論壇に登場していた尾崎もしくは「尾崎」署名の言説は、いわばパブリックなものであり、戦争推進勢力にたいするレジスタンスであった。ふせ字が入っていたり、「奴隷の言葉」が用いられ、許容範囲での自由なる言論活動であったが、それが発するメッセージは、読む者に深刻な内省と広い考察をもとめるものであった。すなわち「支那事変」（日中戦争　一九三七／昭和一二年、中国では中日戦争と呼称）のなかにあって「半封建的、半植民地中国における民族運動にたいして日本人民はいかに対処すべきかと問いかける尾崎のメッセージは、日本の民主化と革命をめざすべきだとする呼子の笛であった。

敗戦後、はやい段階で、尾崎秀実死刑囚の獄中からの書簡集『愛情は降る星のごとく』がベストセラーとなり、それに影響されるかたちで尾崎の人気と評価はたかまった。つづいてゾルゲが共産主義者として人格、見識ともにすぐれているとして高く評価されてきた。それ以後今日にいたるまで、事件の研究は深化している。しかしそれにくらべて与徳にかんする話題は少なく、かれはゾルゲ・尾崎にたいして脇役的位置におかれている。なるほどゾルゲや尾崎は当時の世界情勢、とくに中国・日本を中心とする極東情勢について、すぐれたアナリストであった。戦後もそこからきたる知名度は広かった。かれらにくらべて与徳の評価が低いのは、与徳をどのように位置づけるのか、視点の定まらないところに、その理由の一つがあるように思える。与徳をして与徳たらしめる視点はなにか、それが明らかになれば、与徳を「脇役」的位置に置いておくわけにはいかない。わたしは、沖縄人民の抵抗主体形成の歩みのなかで、与徳の希望・行動・実践をとらえてみたいと考える。ここで重要なことは、かれがめざしたものを主眼にして、かれの人物像・人間性を理解することである。与徳について語っている識者のなかには、「イデオロギー的側面をのぞいていえば」という限定・条件つきでかれに迫っている者がいる。これでは、魂をうしなった人間を対象としてあつかうかのごときものである。

宮城与徳の生涯を一応、つぎの三つの時期区分にわける。

Ⅰ　沖縄時代　出生からアメリカに到着する一九一九（大正八）年までの一六年間
Ⅱ　アメリカ時代　アメリカ到着から日本にむかう一九三三（昭和八）年までの一四年間
Ⅲ　日本時代　日本に渡り、獄中で病死した一九四三（昭和一八）年までの一〇年間

※※　ブランコ・ド・ヴェーケリッチ（一九〇四～一九四五年）については、日本で語られたことはほとんどない。かれはオーストリア・ハンガリー二重帝国支配下のクロアチア出身で、西欧列強とオスマン・トルコとの侵出によって「火薬庫」と化したバルカンの弱小民族の独立運動のなかで成長した。九か国語を操る語学的才能をもちいて「社会主義建設の成功と全人類の平等と平和な社会の実現をねがって」来日した。終身刑判決後、四五年一月、網走刑務所で病死した。日本官憲は、さらにもう一人の国際主義者を獄中で抹殺

したといえる。かれは与徳と類似した環境、生いたち、生涯であった。

沖縄時代

与徳は一九〇三（明治三六）年、名護村東江《あがりえ》に父与正《よしょう》、母カマドの二男として出生。二歳うえに長男の与整《よせい》がいた。父与正は与徳が出生して六か月後に、フィリピンのベンゲット道路建設工事の「人夫」として出稼ぎにいく。一八九八（明治三一）年、いわゆる米西戦争（アメリカとスペインとの帝国主義間戦争）で勝利したアメリカは、フィリピンを本格的に植民地にするために、マニラを首都とし、ルソン島北部のバギオを夏の避暑地とするべく交通の難所をきりひらく道路建設をいそいだ。与正は道路工事以外にミンダナオ島の農園で働いたともいわれる。しかし一年後に沖縄にかえり、それからしばらくすると妻子をのこしてハワイへ渡る。与正の移民は沖縄移民史のなかでも初期の段階に属する。『名護六百年史』では一九〇三（明治三六）年の当山久三による第一回ハワイ移民と一九〇四年、名護からのメキシコ移民を記述したあと、「一九〇五年盛岡移民の手を経て、東江出身比嘉義一、山城運三、宮城与正が布哇《ハワイ》移民として発ち、更に翌一九〇六年以降自由移民として……」と移民者の名前が書きならべられている。当時の移民が突出した出来事であったのであろう。フィリピンから帰国後、与正がハワイへ仕事の場の転換をすばやくおこなっているところをみると、かれは沖縄で生計をたてていくことの困難を確信していたのではないか。「生家は代々農家」で、「土地整理」直後、耕地を「私有」として手に入れた面積くらいでは、到底くらしていけないと考えたにちがいない。与正はその翌年、ハワイからアメリカ本土に転航している。かれはロサンゼルスに上陸してからも、直ちにどこかに定着したわけでなく、転地と試行錯誤をつづけた。しかし一九一六（大正五）年、与正は一五歳になってい る長男与整をブロウレイというところに「呼寄」、つづいてその三年後の一九一九（大正八）年一六歳の与徳をよんだ。そのとき与正は四三歳の働きざかりであった。与徳ははじめて父と水いらずの同居生活をすることになった。だがその同居も、まもなく終る。半年後与正は、今までの出稼ぎで貯えた資金をもって名護にかえり、家屋を新築する。息子二人は近くで農業を営んでいる叔父夫妻に預けた。以来、父子は同居することはなかった。

話は前後するが、与徳は出生後、父不在のなかで母方の祖父比嘉義知《ぎち》のもとに預けられる。祖父母らは母屋に住み、与徳らは茅葺の粗末な家に起居していた。母子は決して裕福であったとはいえない。

与徳は絵画能力にすぐれていたといわれる。あるいは、かれのその能力をひきだした「図画」教師の存在が大きかったともいわれる。本人は小学校高等科卒業後、首里工業学校に進学したいと思っていた。そこには美術工芸のコースがあったからである。与徳の学業成績は抜群であったから、担任教師は、かれを師範学校にすすめた。そこにかれを入学させられれば、担任自身の光栄と学校の名誉になるという按配である。結局与徳は師範学校に入学する。周知のように、当時各県には一つ以上師範学校が設置されていた。農村の、優秀であるが家庭が経済的貧困な児童を入学させる国家政策の一環として、師範学校制度がしかれていたのである。卒業生は、その県下の小学校の訓導（教諭）として天皇制国家主義教育普及の戦士となった。「教え子を戦場に送る」ことを国民の義務と信ずる教師の養成所。〝フンドシまで官費〟の県営師範を嫌悪したのは、絵画をこのむ少年にはありうる話かもしれない。与徳は師範学校予科から本科に移って以降、肺結核のために退学している。名護にもどって静養しているとき、父からの「呼寄」にしたがって渡米する。与徳は祖父の比嘉義知から沖縄の歴史や文化、明治時代の沖縄のくらしなどをききながら成長した。義知からの薫陶は後述する。

アメリカ時代

アメリカ時代は、与徳の四十年という短い生涯のなかでどんな時代であったのか。一六歳から三〇歳までの青年期、経済的には決して恵まれていなかったが、自分の描いた絵を売ったり、不定期の農作業や造園業などの仕事で生計をたてていた。かれのアメリカ時代を要約するならば、二つの側面が指摘できる。その一つは絵画の学習と製作、およびそれらを通してひろく文化活動をおこなっている人びとのなかに入っていくこと。もう一つは、上述の沖縄青年会活動にかかわる側面である。こういう交流圏内で、若い人妻との駆け落ち結婚事件をひきおこしているが、それについては割愛する。（大峰林一著『沖縄〝野次馬〟の遺言』所収の「[証言記録」宮城与徳との出会いから離婚まで――在米・元夫人仲村千代さんの告白」にくわしい。）

一九二〇年（大正九）頃、一七歳の与徳。この頃、白人の排日運動が高まる。翌年、屋部憲伝らと「黎明会」を組織し、芸術・宗教・社会問題を学習・議論する。（宮城與徳生誕百年記念誌『君たちの時代』より。写真所有＝徳山敏子）

渡米青年の多くがまず着手するのが、語学学習である。与徳は渡米して五か月後、ブロウレイ公立学校外人部に英語を学ぶために入学する。そして英語の勉強と並行して絵画の学習をはじめる。一九二一（大正一〇）年、赫土社という絵画同好会に入る。サンディエゴ美術学校に二〇歳から二二歳までの二年間通い卒業する（一九二三／大正一二〜二五／大正一四年）。それからロサンゼルスの絵画研究所に入所して、さらに洋画を学びながら、当時さかんに流行していたアナーキズム、たとえばバクーニンやクロポトキンなどの文学に親しむ。フランス革命をたたえる風刺画家ドーミエから学ぶ。少し後のことになるが、与徳は、大恐慌の結果、失業者がスープをもとめて行列をしているアメリカ社会にあって、莫大な資金をつぎこんでロサンゼルス・オリンピックをやる必要があるのか、と皮肉と風刺をこめた絵をかいている。

与徳は、一九二八（昭和三）年と二九年にロサンゼルスで個展をひらく。かれは在米中とぎれることなく絵画製作をつづけていた。絵画製作発表をとおして、沖縄出身者以外の人びととの交流やアメリカ人との接触もふえてきた。アメリカ講演旅行中の沖縄学の創始者伊波普猷《ふゆう》や、画家で当時社会主義者であった竹久夢二などと接触した。与徳はかれらの旅行中、精力的に講演の世話や旅行案内をしながら、かれらの蓄積したものを学びとった。

しかし、与徳のアメリカ時代の成長過程と活動領域の中心は、沖縄出身青年を中心とするサークル・黎明会、「社会問題研究会」、さらには再組織された在米沖縄青年会の活動のなかにあった。与徳は渡米二年目、一八歳で黎明会に入り、そのなかで、社会主義の思想を学び、それから十年後の一九三一（昭和六）年、アメリカ共産党に入党し、東洋民族課日本支部に所属する。入党の直接的な動機は、日本が中国東北部に侵入した、いわゆる満州事変（ザ・マンチュリア・インシデント）である。与徳を含む沖縄出身の青年が、どうして政治的・社会的・思想的にアクティヴになっていったのか。それは、かれらの周囲の環境に、さまざまな、重要かつ深刻な問題が発生し、それにたいしてかれらが真剣に対応していったからであろう。いっときの安穏な生活も許されなかったのであろう。アメリカ移民日本人にとってつねに頭を悩ましていたのは、アメリカにおける人種差別、アジア人蔑視、排日運動である。たとえば、上述したように、一九二三（大正一二）年にカリフォルニア州議会において米国市民権をもたない日系人の土地所有および農業経営を禁止する「土地修正案」が制定され、日系移民に与えられていた三年の借地権まで剥奪された。二四（大正一三）年には排日、移民禁止を主なねらいとするアメリカ新移民法が制定された。（大峰林一作成の「宮城与徳の年譜」前掲の『宮城与徳』所収）

「農業移民」をもってはじまった日本人移民、なかんづく沖縄移民は、右のごとき法制化に打撃をうけた。またすでに移民している者にとっては、そこに必ず家庭をきずくということが必然化してくるのに、家族の自由形成をふくむ生存権の侵害がおこってくる。いまひとつ重要な問題は、一九二九（昭和四）年十月に勃発した世界経済大恐慌である。「全米の失業者は一〇〇〇万人余、とくにアメリカ市民権をもたない日系移民は経済不況の余波をもろに受け、職を失って自殺する者が相次ぎ、深刻な生活危機におちいる。与徳は労働運動犠牲者を援助する赤色救援会（レッド・ヘルプ・オーガニゼイション）に参加する」（前掲「年譜」）。

一九二〇年代後半から三〇年代にかけての、ロサンゼルス一帯における在米沖縄青年会を中心とする活動は、既述のごとく日本本土における井之口や松本に代表される沖縄県人会、沖縄青年同盟のそれと共通する部分がある。社会経済的背景では一方に世界大恐慌があり、他方にそれに連動するソテツ地獄があり、一方に排日運動があり、他方に沖縄差別・同化があった。日本とアメリカに居住する沖縄出身の青年労働者は、当時もっとも労働者階級に依拠する共産党、共産党の国際組織であるコミンテルンに加入する党員として活動していた。このことは当該青年にとって光栄であり、矜持でもあった。しかしそれには、それ相当のリスクと犠牲がつきまとっていた。アメリカ官憲は日系党員の動静に鈍感ではなかった。一九三二（昭和七）年一月、ロサンゼルス南隣のロングビーチでアメリカ共産党南ロサンゼルス地区大会が開催された。官憲はこの大会に「好ましからざる外国人」（Undesirable alien）が出席しているといって、その該当者らしきものを逮捕するにいたった。九名のうち沖縄県出身者が五名も含まれていた。その五名はいずれも黎明会・沖縄青年会の中心的活動家であった。かれらは国外追放処分をうける。この間、約一年間にわたって赤色救援会は、裁判闘争や不当逮捕抗議・救援のキャンペーンをおこなった。県出身者は日本へ帰国することをこばんだ。日本帝国主義軍隊はすでに満州に侵入し、領土拡大の気運をはらませ、かつ、思想、言論、集会、結社の自由など極力制限を加えていたからである。結局かれらはソ連に亡命するためにアメリカを出国した。与徳はロングビーチ大会に出席していなかったが、赤色救援会のメンバーとして、あるいは同じ党員であり、友人であり同志として救援活動をおこなった。

与徳は当時、自分が興味をもつ絵画・美術をさらに向上・発展させ、それを社会主義思想と統一させることをめざして、プロレタリア芸術研究会に加わっていた。一九三三（昭和八）年には、プロ芸術研究会が発展的に解消され「南カルフオルニヤプロレタリア文化同盟」が結成されると、それに参画した。文化同盟の機関紙『働く人』の発行とともに、その編集メンバーとなった。編集のかたわらで日本から送られてくる日本共産党関係の合法、非合法の新聞や雑誌をむさぼるように読んだ。沖縄出身の活動家の記事や沖縄青年同盟の活動を目にし、井之口政雄や松本三益らの名前をみていたかもわからない。

この年九月はじめ、数人の党員が与徳にたいして、突然、「日本に行かないか」と声をかけてきた。

日本行き

与徳が日本に行くことは帰国を意味しなかった。かれはなぜ日本に行くことになったのか。第二インターナショナルは、もはやマルクス、エンゲルスの提唱するごとき使命も役割も果たしていなかった。それ故、コミンテルン（一九一九年創設）がレーニンによって提唱された。周知のごとく、コミンテルンは世界の共産党・労働者党の世界組織であるが、いわゆる世界革命の戦略をたてるにあたっては、各国の党によってもたらされる情報だけでは不充分であった。そこで一九三〇年代になると、コミンテルンはいくつかの国際的な情報連絡網をつくった。たとえば日本にあったドイツ人ゾルゲらによるもの、スイスにあったハンガリー人のラド、さらに西ヨーロッパにあったポーランド人トレッペルらのものなどである。ゾルゲはすでに一九二九（昭和四）年ごろから中国、上海に赴き、アグネス・スメドレーや尾崎秀実らと意思疎通や情報交換をおこなっていた。コミンテルンは世界情勢全般の大きな変化や資本主義世界全体の矛盾の深刻化を感じ、それに対応する戦略の転換を迫られていた。一九三三（昭和八）年、コミンテルン第一三回執行委員会総会は、指揮系統の変更をおこなった。そこでは、これまでのソ連外交の基軸対象国がドイツとアメリカであったものを、極東における中国と日本なども重視する方向に軸足を移していった。中国内にはすでにいくつかの情報蒐集場所が設けられていた。日本にも設けることが決定された。その年のはじめゾルゲ、つづいてブランコ・ド・ヴェーケリッチらが東京にむけて移動を開始する。

従来、コミンテルン支部としての日本共産党は、上海にある極東局の統轄下にあったが、中国が不安定なために、アメリカ共産党の統轄下に入る方針転換となった。野坂参三もその年訪米している。野坂は日本代表片山潜、山本懸蔵と三人連名で佐野学・鍋山貞親らの転向を弾劾する文書をモスクワで作製している。野坂はそれをサンフランシスコで印刷して日本へ発送している。それ以後、たとえば欧米における反ファシズム人民戦線にかんする情報などがアメリカからもたらされる。与徳を日本に赴かしめたのもその一環である。

野本一平氏は、だれが与徳を日本に送ったのか、その人物を特定するのに多くの紙数を費している。しかし犯人さがしみたいな追究は生産的でない。むろん野坂参三※もその一人であっただろう。だれであろうと、そのアメリカにいきなりやってきて、どこのだれそれが適任であるという選択作業などできるものでない。むしろ与徳のなかにこそ、重要な要因があったのではないか。官憲側資料によると、当時「在米日系共産主義者」は数百人はいたといわれる。そのなかから与徳がえらばれたのである。その理由は必ずしも明らかでない。かれは病身でもあった。独身であるという有形的な理由でなく、与徳自身が一九三〇（昭和五）年ころから中国問題に関心をもち、熱心に学習していたこと、このために与徳に注目が集まっていたのではないか。むろん与徳はふたつ返事で承諾したのではなく、多少の逡巡はあっただろうが、結局主体的に決断したのは与徳本人である。後年与徳が、同じ事件連座者の一人である川合貞吉に語っているところによると、「ぼくは元来こうした仕事（情報蒐集）には不向きなんだ。しかしね。今日の時期においてもっとも重要な仕事だと信じている。結局ぼくがひきうけなければ誰かが苦しみをなめることになるのだからね」と告白している。この犠牲的精神、あるいは実践というべきものは、渡日の前後においてできていた。中国への深い関心と、それに自分の体をなげだす企てとの統一的行為がそこにみられるのである。

※　野坂参三の訪米は与徳の日本行きの翌年であると、加藤哲郎氏は、「宮城与徳訪日の周辺——米国共産党日本人部の二つの顔」のなかでのべている。

情報活動のなかでの役割

与徳の英語能力は抜群にすぐれているというものではなかったが、渡日の際には「英語の話せる日本人党員」であり、「日本語を喋るアメリカ党員」であるという条件をそなえていなければならなかった。かれはその能力をさらに向上させて大きな役割を果たした。たとえば与徳は、一方で尾崎の政治的見解や中国・日本を含む極東の情勢分析、その日本文を英訳にしてゾルゲに渡し、他方でゾルゲの書いた英文の意見や要望を日本語にして尾崎につたえることが多かった。この橋渡しの内容は、かなり見識が高く、意味深長なものであった。かれら被疑者の残した文書類をみると、それは明らかである。しかし与徳は自分の課題をかかえているときや、移動中にはロサンゼルス以来の同志である秋山幸治に翻訳を依頼した。与徳はただ通訳者、翻訳者であるのでなく、それぞれ個性と役割をもったメンバーたちのあいだの関係を円滑にし、コーディネイトする側面をになっていた。この集団のなかで人間関係に軋轢がうまれたということはなかったし、それぞれのメンバーがそれぞれ部署をかたく守って組織は維持された。与徳の誠実で温和な性格は活動にとって大きな円滑力であり、宝であった。

与徳への評価が低いか、もしくはその評価のさだまらない理由の一つは、かれがスパイ活動や諜報蒐集能力をそなえていなかったとする説につながる。あえて与徳の終生の正業《なりわい》といえば、絵画製作であり、そういう資質の持主であった。与徳じしんもそんなことを呟いていた。尾崎秀実の異母弟の秀樹などは、与徳という人物は諜報活動に不向きであったといっている。なるほど与徳は目から鼻へぬける俊敏さや疲れを知らぬタフさといった、いわゆるスパイ小説に登場するような人物ではなかった。だが「ゾルゲ事件」判決の有罪者のなかには、与徳が情報提供を依頼したとされる人物が多数含まれている。小代好信、山名正美、田口右源太、菊池八郎、秋山幸治、九津見房子、北林トモ、および安田徳太郎など。これはかれが、事実上、その連座者をオルグしていたことのあらわれである。体力的に強健でなかったかれが、その弱点を補いながら情報の蒐集整理・解析能力を発揮し、広い分野で活動していたことを示している。

沖縄人苦とインターナショナリズム

与徳の研究者でもある比屋根照夫氏は、与徳の生涯を一括して「沖縄人苦」という言葉を用いている（講演「宮城与徳とその時代」『君たちの時代』宮城与徳生誕百年を記念する会刊行所収　二〇〇六／平成一八年刊）。氏は沖縄出身の詩人山之口獏（一九〇三／明治三六～一九六三／昭和三八年）と与徳にそれをあてはめている。わたしは比屋根氏のいわんとすることがわからぬでもない。伊波普猷や新城朝功らも「沖縄出身者」の特性としてその用語をつかっている。しかしその〝苦〟には、宿命的であり、限りなく苦しみつづけるというニューアンスがつきまとう。与徳は一九四三（昭和一八）年、四〇歳の若さで巣鴨の獄中で病死（肺結核）している。その肉体上の苦痛はいうまでもないが、それ相当、もしくはそれ以上に、精神的苦痛は深刻であったにちがいない。たとえばかれは、一九四一（昭和一六）年十月十日に逮捕されてから、特高のきびしい尋問のすきを衝いて二階からとびおりて自殺をはかろうとしていた。死を決意したのは、友人や同志を裏切らないようにするためだった。これは理解できない話ではない。しかしその自決は未遂となった。中庭にあった木の枝に体の一部が接触し、一命をとりとめた。ふたたび尋問の場に坐らせられてからの尋問にたいする回答の顚末については、かれは自問自答しつづけた。そこには〝苦〟が充満していたであろう、自分をあらん限りの力で責めて責めて責めまくったであろう。しかし〝苦〟からの解放をめざしていた側面もまた、否定することはできない。与徳における「沖縄人苦」を、かれの生いたちとの関連でふりかえってみよう。

「検察訊問調書」で与徳はこたえている。長くなるが引用したい。

共産主義確信までの経緯

「少年期に於ては私も百パーセント純な国家主義者（沖縄県立師範学校生＝引用者注）であった事は勿論であります。併し幼年期からの〈弱者虐《よわいものいじめ》をするな〉との祖父（比嘉義知＝引用者注）の教育は当時、多数沖縄の各地に入り込んだ鹿児島の地方官、医師の横暴に対する反感となって表れました。（鹿児島県出身の医師、銀行吏、退職官吏は如才なく高利貸を開業して地方農民を搾取してゐた）又十四、五才の頃に至って祖父に教育された沖縄の美しい歴史及び三百年前に於ける沖縄人民の輝かしい南洋貿易及文化黄金時期、それに較べて二百年以来島津への屈服による民族的な疲へい頽廃又明治初年廃藩置県以後に於ける歴代官僚の半植民地的弾圧政治（沖縄に於ける官僚閥族の横暴は著名なものがある）及び内地特に鹿児島資本の無茶な搾取、自然に恵まれず、又政治的にも恵まれない蘇鉄地獄と称され働く者の喰へない社会、精神的に寄り処のない社会に対する祖父の批判、教育が多分に私に社会的関心を持たせるものがあると思います」（『現代史資料　(3)　ゾルゲ事件　(三)』　みすず書房　三一五頁）。

比嘉春潮も、当時の沖縄県政のありようをつぎのように書いている。

「県当局が沖縄人を起用しなかったのは、なにも廃藩置県後の数年だけではなかった。昭和になっても県庁の部長以上、男女師範学校長には沖縄人は一切起用されなかった。とくに明治二五年から四一年までの知事奈良原繁は、県の主要人事を腹心の鹿児島県人でかためたばかりでなく、商業その他の企業面では鹿児島人の独占的な支配権をうちたてて〝琉球王〟と呼ばれた（『新稿沖縄の歴史』　比嘉春潮　三一書房　一九七〇／昭和四五年刊）。比嘉の認識からみても、与徳の祖父の見解はもっともなものである。琉球は、かつて「薩摩の附属国」であった遺制が色濃くひきつがれていた。与徳の右の手記には、明治から大正期にかけて沖縄で生計をいとなんだ農民の「沖縄人苦」がうつしだされている。祖父のとらえていた琉球・沖縄像は正確であり、かれはまた、「働く者の喰へない社会」「精神的に寄り処のない社会」にあって「弱者虐をするな」と説く見識の高い人物であったと思われる。おそらく、琉球王国の下級士族の家系であっただろう。名護の人びとは比嘉義知老人《おじー》を「名護マサ」（反骨精神の持主）とよんでいた。

与徳の思想の原点は、祖父からの薫陶によるものでないかとわたしは考える。一六歳まで沖縄で成長し、矛盾と不正にみちた貧しい社会で「働くものの喰える社会」をめざし、「弱者虐をするな」という教えを内心に秘めながら、アメリカで沖縄青年会活動に奔走して、みずからをコミュニストたらしめた。おそらくかれは、祖父の廉直《インテグリティー》な面影をかたどきも忘れていなかったであろう。わたしが、かれをして沖縄移民労働者の一つの典型であるとみる理由は、ここにある。

井之口や松本らが沖縄出身者であることを自覚していたように、与徳もそれを忘れていなかった。かれは徳田球一とはことなるインターナショナリストであった。差別と搾取・収奪が多重構造化しつつあるアメリカ社会にあって、沖縄出身者のみならず日本人労働者、アメリカ人労働者解放への視線を研ぎすましながら、アジアの被植民地人民の解放と戦争の拡大防止に全力をそそぐこと、はたしてこれ以上の政治的・道義的実践がありえたであろうかと思わしめることに、かれは没頭した。「沖縄人苦」というネガティブなニュアンスでは与徳のイメージはとらえきれない。

沖縄においては、人口の一割近くの住民が移民もしくは国内の他地域へ出稼ぎに行くことを余儀なくされていた。アメリカへ行くか、本土へ行くのか、それはほとんど偶然の結果であった。たとえば井之口政雄や松本三益がアメリカ合衆国へ渡り、逆に与徳が本土に出稼ぎに行くということだって、ありえない話ではなかった。兄弟のあいだで、アメリカと日本にわかれた例もある。コミンテルン組織で活動するか、県人会で精力的にとり組むか、それだけのちがいである。したがってもし与徳をきわめて特異で現実ばなれした人物であるかのごとく理解してしまえば、それは認識の錯誤である。ふたたび比屋根氏の言葉にもどるが、氏は「沖縄人の理想と願望がいつの時代にも権力によって押しつぶされていると実感していて、その悲劇性の象徴として与徳がある」と語っている。しかしこれでは、与徳がコミンテルンで活動し、重責を果したことの説明にはならないのである。与徳はロサンゼルスのリトル・トウキョウで語っている。

「欧米帝国主義や日本帝国主義がおこなう東洋民族に対する非人道的圧迫に痛憤し、中国における苦力《クーリー》の無くなる時代のために働く」。

これはいみじくも、インターナショナリストとしてのかれの自己宣言である。国籍はどこか、いかなる民族であるのかということが主要な問題ではない。帝国主義にほしいままにされているアジア人民の解放をめざすことである。南洋群島に渡った沖縄出身者たちは「権力に押しつぶされていると実感して」、自分たちの就業条件改善のためにストライキをおこなった。それはそれとして立派な抵抗である。しかしかれらは、そのまわりにいる朝鮮人や先住民族がかれら以上に劣悪な生活ときびしい労働、そして過酷な差別をうけていることへの普遍的隣人観や関心を示さなかったのではないかとすら思う。

わたしはいまだかつて、沖縄を含む日本人民・労働者が、南洋群島先住民と連帯し、ドイツや日本宗主国の支配に抵抗したという事例の記録にめぐりあっていない。のみならず、むしろ当時（一九三〇年代）『少年倶楽部』に連載された『冒険ダン吉』に代表される群島先住民への「酋長」「土人」「クロンボ」という蔑視語をつかった漫画、それをほとんど批判することなく刊行を許してきた少年少女の保護者・大人がいたことこそ、厳しくふりかえるべきではないかと考える。漫画『冒険ダン吉』は、明らかに南洋群島の日本委任統治下を反映し、台湾・樺太・関東州および朝鮮につづく植民地としての群島統治のための文化宣撫工作の先ぶれであっただろう。

沖縄や南洋群島のみならず、極東一帯には帝国主義の侵略のなかでいくえにも重なる多重多層の階級と身分序列制が渾然として存在していた。与徳はその最底辺の沖縄という地層からアジア

郵便はがき

料金受取人払郵便

本郷局承認

8909

差出有効期間
2017 年 8 月
31 日まで

113-8790

東京都文京区本郷 3-29-10
飯島ビル 2 F
株式会社 スペース伽耶 行

購入申込書（FAX03-5802-3806でも申し込めます）

書　　名	定　価	部　数

小社の出版物をお買い上げいただき、ありがとうございます。この本をお読みになった御感想、装丁・造本等についての御意見をお聞かせ下さい。また、小社の本が書店でお求めにくい場合やお急ぎの場合は、この葉書を購入申込書としてご利用下さい。送料小社負担にてお送りいたします。代金は書籍到着後一週間以内に、郵便振替にてお支払い下さい。

書　名	
お名前	年齢　　　　歳 御職業
御住所　〒 TEL　　　　　　　　　FAX	
御意見・御感想等、御自由にお書き下さい。	

人民の反帝闘争と諸人民間の連帯を追求し、一身をかけて実践したのである。これは〝沖縄人苦〟を克服し、自己自身の解放の過程でもあった。「ゾルゲ事件」における宮城与徳の位置づけは、つまるところ〝沖縄人苦〟を含む被搾取アジア人民のがわに身をおき、一身をかけるところにあった。沖縄人苦を自覚的に止揚しながら、極東人民解放のインターナショナリストをめざす、そんな与徳像がこれから定着することを期待したい。

日ソ戦争回避の腐心

検事訊問にこたえて、与徳はいっている。

「支那（中国の蔑称＝引用者注）を理解する等ということは至難な事にせよ、日本人が支那及び支那人を理解する熱意を持つ処から日支問題解決の初歩があるように思惟されます」（上掲書三二九頁）。

「日本がその対支政策をあやまるに於いてはその前途は支那全土の赤化は火を見るより瞭かだと思えます」。

このような、当時の日本国民の圧倒的多数が考えたこともないような考えが、与徳たちによって語られていた。少し余談になるが、当時の状況を具体的な例をもってふりかえってみたい。一九四〇（昭和一五）年二月、斉藤隆夫代議士（一八七〇／明治三～一九四九／昭和二四年）は衆議院で、いわゆる「支那事変処理に関する質問演説」をおこなった※が、それは大陸政策批判、もしくは「支那事変」を冒瀆するものとして、「圧倒的多数の議員の投票」により議員を除名された。これは昭和前史にのこる醜悪・姑息な政治事件の一つである。かれの演説を読むと、日本軍隊の動向と内閣の大陸政策、およびそれらに追随・支持する多くの国民の様子がわかる。しかしこと中国の問題になると、かれの演説はきわめて抽象的かつ一面的な印象をまぬがれない。たとえば、「ことに近頃支那の形勢を見渡しまするというと、我軍の占領地域（「汪兆銘かいらい政権」下の地域＝引用者注）であるところにおいてすら匪賊は横行する、敗残兵は出没する……」と斉藤は語っているだけである。衆議院本会議でただ一人戦争政策を批判したかれですら、情報は極度に限られ、語句は貧困である。かれの「支那」認識と与徳らの「中国の赤化」という認識とのへだたりはきわめて大きい（『回顧七十年』 斉藤隆夫 中央公論社 二〇一四／平成二六年刊）。

※ 斉藤はすでに一九三六（昭和一一）年五月、いわゆる二・二六事件後の衆議院で、「粛軍に関する質問演説」をおこなっていた。それは青年将校たち、主として皇道派の尉官級兵士らの政治活動とそれを支える軍閥の横行跋扈することを批難したものであり、日本議会史上、もっとも注目すべき演説のひとつとして記録されている。

話はもとにもどるが、上記の与徳の中国へのスタンスは、かれが渡日以前から着手していたものであることはすでにのべた。そのことが、さらに中国への関心や知見のつみ重ねでいっそう詳細に深くなっている。かれらの検事訊問調書を読むと、中国の内情、とりわけ民族運動と国共合作にかかわる事例がじつに豊富である。日本が事変とよんでいるとき「ゾルゲ事件被疑者」たちはその事変のなかに〈世界大戦〉、〈世界革命〉を想定していた。

日中戦争がながびき、泥ぬま化していくにつれて、日本陸軍はその収拾策（？）の一つとしてソ連に接する満州国境で紛争事件をひきおこす。たとえば一九三八（昭和一三）年、満州とソ連との国境、張彭峰《チョウコホウ》（日本軍動員数約二万、同戦死者五二六名、負傷者九一四名、ソ連側戦死者七一四名）で日ソ両軍の衝突事件がおこる。与徳はその年の九月から十月にかけて中国視察旅行に出かけた。張彭峰事件後の日本陸軍の布陣状況をみるのが目的であった。視察の結果、多くの情報とその情報源たるべき知人をえた。その翌年の五月、こんどは蒙古と満州国の国境近辺のノモンハンで関東軍とソ連の機械化師団が衝突した。「ハルハ会戦」ともよばれる。四か月におよぶ「熱戦」で日本側約一万六、〇〇〇人、ソ連側三、四三五人が戦死したといわれる。ソ連側は勝利と評価しているが、日本陸軍側はきびしい見方をしていた。日ソ間で停戦協定が結ばれたが、平和を保証する雰囲気ではなかった。与徳はそれ以後一九四一年七月の、いわゆる御前会議にいたるまで帝国陸軍の動向をフォローしつづけた。御前会議では、「南方作戦」を主戦とし、独ソ戦にたいしては静観的態度をとるが、北方作戦はひきつづき検討するというものであった。そうなると北方、主として満州、蒙古、北支方面の陸軍部隊の移動状況の裏付けをとることが必要であった。その裏付けによって「北方作戦」策定の度合がはかられるのであった。

与徳が「御前会議」の内容をキャッチし、そのあらましをゾルゲにつたえたとき、ゾルゲはまだそのことを知らなかった。与徳は尾崎にたしかめてみると、尾崎は承知しているとこたえた。

その情報はソ連側でどのようにうけとられたのか。G・ボッファは『ソ連邦史　3』（坂井信義／大久保昭男訳　大月書店　一九八〇／昭和五五年刊）のなかで、ゾルゲらの情報についてつぎのようにかいている。

「一九四一年十月東京駐在の工作員リヒヤルト・ゾルゲの秘密情報によって大いに勇気づけられた。その秘密情報は、日本の攻勢が南太平洋にむかうことは確実で、アメリカとの衝突はたんなる可能性以上のものがあること。一方今年中にシベリアを攻撃することはありえないことを報じていた。……極東から引き抜いた兵力の実数は……開戦時（独ソ戦のこと、四一年六月）から四一年十二月一日までのあいだに西部に移されたのは十七個師団で、その大部分はモスクワ戦の最中に移された」（同書　五八頁）。その年の六月、ナチス・ドイツがソ連邦侵略を開始し、九月末にはナチス・ドイツ軍はモスクワを攻撃しかけていた。十二月上旬になって、やっとソ連軍は反攻に転じた。そのとき極東から移動してきた一七個師団が反攻に加わったのである。ボッファがとりわけ強調しているのは、一七個師団という数ではなく質である。つまり性能のよい兵器を装備し、統率されたすぐれた兵士たちであったということである。日本軍（関東軍）に対峙してきた精鋭部隊である。ハルハ会戦に登場した機械化部隊がモスクワ防衛に加勢した。いわゆるゾルゲ情報は反ナチ祖国防衛戦闘に貢献したのである。

自国人民への憂慮

与徳は、既述のごとくプロレタリア・インターナショナリストであった。とりわけ極東地域人民間の連帯のために心血をそそいできた。特殊にアジアインターナショナリズムとよぶべきものである。それはすなわち、帝国主義日本・宗主国日本の労働者階級がアジアの被植民地の労働者・人民にたいして植民地支配を補完することを余儀されていることへの痛切な反省にたったうえでの国際連帯であり、国際反戦平和運動である。その国際連帯の核心は、中国の民族解放運動に深い理解をもつことであった。中日戦争からアジア・太平洋戦争にいたる過程で、ゾルゲ事件の被疑者たちはアジアの内乱・革命までおこりうるとする展望をいだきながら、同時に日本人民の行き先についても深い憂慮の念をいだいていた。これは与徳だけでなく、事件関係者すべてに共通することであるが、以下与徳を例とする。

与徳は一九三九（昭和一四）年、川合貞吉と稲田登戸の多摩川べりの土堤を歩きながら話しあっていた。

「宮城〈労働者や農民が《九段の母》かなんかの浪花節を唸っているのを聞くと、僕はこの国が嫌になるよ。日本民族っていうのは革命をやれる民族ではないような気がして来たね。〉〈しかしそういったもんでもないよ。大衆というものは何か一つの機会にぶつかると急に政治的自覚を呼びおこして革命化するものだと思うなァ。〉（川合）

〈うん、大衆というものの本質はたしかにそうだろう。しかしだね、今の現実を見ているとだね。国民精神総動員なんてもので、だんだん去勢されて盲《ママ》にされて、奴隷にされて、結局は餓死するまでついて行ってしまうんじゃないかという気がするんだ。〉（宮城）

〈日本が大陸の消耗戦で総崩れになるのはあと何年かかると君は思う？〉（宮城）

〈まだ三、四年は持つのじゃないかしら。〉（川合）（『ある革命家の回想』　川合貞吉　新人物往来社　一九七三／昭和四八年刊）。

ここでは「大衆」というものについてどう考えるのか、かなりむずかしい問題が率直に語られている、とともに「国民精神総動員令」をうけたあとの日本・日本人をネガティヴに予見するものになっている。〈餓死するまでに至る〉。与徳にたいする評価として、「イデオロギーを度外視して」かれのヒューマンな側面や資質を語るという手垢のついた手法・評論では、右の会話のエッセンスはけっしてとらえきれない。一身をなげだして獲得した時代認識は、ある種予言のごときものを含んでいる。事実、その後の日本の有様をなぞっていけば、かれの言説は、かなり的中している。餓死スルマデニイタル。それは、かれの絵画的洞察力が一枚加わって未来の現実をリアルにとらえているからである。

日ソ開戦回避情報がもつ歴史的意義

最後に、

与徳が情報活動にかかわった理由をみずから語っているので、それを紹介したい。「私共は真の国防というのは戦争を避ける事が最上の策であると考えているのでありまして、其の意味に於いては寧ろ日本国民の為利益を与えるものだと考えて居ります。日ソ関係に於てはソ連から攻撃を開始すると云ふ事は絶対にないので、従って我々は日本の対ソ攻撃を避けると云ふ点に重点を置き、之を究極の目的として諜報活動をして来たのであります」(前掲書　第十四回訊問調書一九四二(昭和一七)年十一月四日)。

当時ソ連は社会主義国家建設を計画経済にもとづいて実施中であったから、戦争開始をするなどということは「絶対になかった」。そもそも社会主義的計画経済というものは、本質的に平和的・革命的事業であり、戦争の対局にあるものだ。

それでもナチス・ドイツとほかの欧米列強は反共体制をしき、欧米列強は独ソ戦を裏で策動していた。日本はナチス・ドイツとファシスト・イタリアと防共協定を結び、ソ連とのあいだにつねに対立緊張をみなぎらせていた。そこでぎりぎりの選択が日ソ戦争回避策である。それは、たんに開戦をさけるのみならず、ソ連側は、もし日本軍が対ソ攻撃体制を解くならば、それに呼応する対日平和外交政策を怠りなく準備していた。そのためには、すぐれた情報が必要であったのである。

与徳らの「真の国防」云々の考えを、一九四〇年代はじめの日本の国内状況のなかでふりかえってみよう。当時の日本国民は、すべてがすべて好戦的であったのであろうか。老いも若きも、男性も女性もことごとく「大東亜戦争」の緒戦に興奮し、「勝った勝った」と有頂天であったのだろうか。なるほど「大勝利」と「武勲の死」のみが報道されていて、戦局を事実に即して、敵・味方の立場をこえた地点でみるということは不可能であった。しかし国民の眼はすべて盲目であったわけではなかったのである。たとえば、ふたたび斉藤隆夫のことにもどるが、かれは先述のごとく一九四〇（昭和一五）年、中国への侵略戦争の困難について正面から批判の議会演説をおこなった。かれはそれから二年間議員を除名されていたが、四二（昭和一七）年四月の総選挙に立候補した。大政翼賛会や総力戦体制推進の「革新」派（昭和維新推進・聖戦貫徹議員聯盟）などの推薦をまったくうけることなく、かつ斉藤を国賊視する選挙キャンペーンのなかで、結果はおどろくなかれ、かれは最高得点で当選したのであった。それは当該地区有権者による斉藤への判官びいきというような生やさしいものではなかった。日米開戦五か月後にして、その有権者のなかには、明らかに厭戦、非戦、反戦のいりまじった考えをもつものが多数いたことを示す。斉藤へ一票を投じた有権者は、はげしい反斉藤キャンペーンのために、立会演説会には警官が立会い、「弁士演説中止」のために咳ひとつできなかった。その有権者が、それぞれ個別に自分の内心にむかって戦争の是非を問いただした答であり、天皇制ファシズムによってつくられた一票では決してなかったのである。わたしは斉藤の再選勝利を戦中の限られた条件下での一縷の希望であったと考えるのだ。なぜならば戦勝にぬりこめられていた一九四二年五月、珊瑚海海戦で日本帝国海軍は米艦隊に敗北し、つづいて六月、ミッドウェー海戦に敗退し、スリランカのコロンボ空襲に失敗し、以後海軍はもとより陸軍も各地で敗色を一日一日と濃厚にしていった。太平洋の各地での「玉砕」がまるで捷報（勝利の知らせ）であるかのごとき報道記事で埋められていた。卑近な例で恐縮であるが、斉藤再選を勝ちとった数万の有権者のなかの一人に、わたしの祖父がいたのである。祖父は一八六八（慶応三／明治元）年生まれで、学制改革（一八七二／明治五年）の翌年から村の学校に通いながら成長していったという、まぎれもなく〝明治の人間〟であった。一九四二（昭和一七）年、七十代なかばの祖父は、ある日白い和紙の長い巻物にしたためられた斉藤隆夫の立候補趣旨書をもちだして、読みあげながら、かれの当選をあたかも自分のことのようによろこび、家族にむかって斉藤の反戦反軍姿勢をたたえていた。

「真の国防とは戦争を回避することだ」とするゾルゲ事件被疑者らの思想と、斉藤にまつわるエピソード――つまり有権者一人一人が、投票監視されているなかで〝内心の一票〟を反戦票として投じたこととがきりはなしがたく結びついていたと思わざるをえない。かれらは戦争遂行勢力がせっせせっせとうちかためてきた嘘八百を見ぬいていたのである。つまり、国家権力が発動する暴力（戦争・国家テロ）をさしとめるのは、ほかでもなくその国民である。しかしそれから数年間、日本は筆舌につくしがたい凄惨な戦禍を蒙らねばならなかった。与徳の出身地は完全に灰燼に帰し、斉藤の支持者も犠牲となった。そのあかつきに日本人民は、国家権力の乱用を制肘する立憲主義にもとづく憲法、別して〝平和憲法〟を手中におさめたのである。

追記　校正終了後に入手した論文類とそれらにたいする私見

㈠「宮城与徳訪日の周辺――米国共産党日本人部の二つの顔」　加藤哲郎

㈡「スパイ宮城与徳の姪：ゾルゲ事件とその後」（Japan Times Jan.31 2010 Edan Corkill）

㈢「宮城与徳への旅――『越境者たち――宮城与徳の場合』沖縄公演によせて」（木内　稔『社会評論』八五号　一九九二年一月所収）

㈣「まなだしの呪縛：日本統治時代パラオにおける〈島民〉と〈沖縄人〉をめぐって」　京都大学学術情報　紅 KURENAI　三田　牧

㈤『沖縄〝野次馬〟の遺言』　大峰林一著　フォレスト発行　二〇一五年十月一日

㈠　加藤哲郎氏の論文　加藤はみずから「情報戦という観点から二〇世紀の歴史を見直している政治学者である」とのべ、旧ソ連、米国、ドイツ、英国、スウェーデン、中国および日本の公文書館等の諸文書を開示請求して知りえた情報の「部分」をまとめている。それによると、米国共産党には「オモテの顔」と「ウラの顔」があり、与徳は「ウラの顔」につらなる人脈によって日本に渡ったとのべている。それは尾崎秀樹の宮城与徳や伊藤律の供述を否定する有力な論拠となっているが、与徳の主体的な行為が生みだした仕事に直接結びつく話ではない。

(二) 筆者の執筆意図がよくわからない報道記事である。しかし以下注目すべき事柄があるのでそれを紹介する。与徳亡き後の家族にたいする国家権力の過酷な仕打ちが記述されている。それは一九四三年、名護町が与徳を「戸籍から抹消した」ことである。自治体が住民を抹消する権限はないから上部機関による指示である。これ程人権を否定する邪悪な思想はほかにない。当時の国家を一部の人たちがいみじくも「絶対主義天皇制」とよんでいたことがうなづける。

(三) 木内　稔の与徳を主人公とする演劇の題名である「越境者たち」は尾崎秀樹のネーミングを踏襲していることからも窺えるように、当時の資料の限界をもっている。

(四) 日本帝国南洋庁が南洋群島先住民を「島民」と規定し、統治していると紹介し、「島民」は「沖縄人」よりもさらに下位に位置づけられていた姿を「沖縄人」と「島民」へのききとりによって明らかにしている。「日本」人の統治・植民地責任および戦争による加害については言及されていない。

(五) わたしは大峰林一氏の仕事を「与徳の年譜」(本冊子一〇〇頁)ですでに知る存在であり、とても助けられた、本書のなかで本書のなかで大峰氏はつぎの四篇の講演記録や新聞報道記事などをのこしておられる。「アメリカから宮城与徳の新資料入手」(一九八一年)「[証言記録」宮城与徳との出会いから離婚まで――在米・元夫人仲村千代さんの告白」（一九八一年）「宮城与徳とゾルゲ事件」（一九九一年）「与徳〝勲章〟授与の意義　姪の徳山さん喜びに浸る」（二〇一〇年）いずれも与徳研究にとって必須の資料である。

あとがき

琉球救国運動、徴兵忌避および移民・出稼ぎ労働者運動を中心に、沖縄人民の抵抗主体形成の足どりを、ふつつかながらふりかえってきた。いうまでもないことであるが、抵抗主体の形成とは目標のない反抗や一時的な怒りなどでは、さらさらない。それは制約された所与の諸条件のなかで、あるべき自己の解放をかちとることである。本書でも紹介したごとく、沖縄県民の赴くところには、まずどこでも県人会や青年会という組織がつくられた。そこで理論家やリーダーが輩出している。それらが抵抗主体形成の母体である。しかし主体形成といっても社会的諸関係の改革もしくは変革なしには、自己解放、言葉の正しい意味での〝自由〟をかちとることはできない。つまり、抵抗主体の形成とは、自己変革と社会改革の両者があいまって、両者のあいだに循環的・統一的に作動される実践的動体、自由と改革の総和である。では沖縄人民の主体形成のたたかいは成功したのであろうか。あえてその答をいうとすれば、いくつかの例外はあるだろうが、その多くは与徳に代表されるごとく不首尾・不成功であったといわざるをえない。しかし、上首尾・成功よりも、失敗・不成功のほうがはるかに、後世に遺す教訓は豊饒である。

マルクスは「フォイエルバッハにかんするテーゼ」のなかで「人間の存在は社会的諸関係の総体である」とのべている。さらにいささか耳ざわりになるが二七歳のマルクスはつづけて「解釈することでなく、変革することである」といっている。本書に登場した人びとは、すべからく社会的不遇——処分史観の貫徹される歴史的文脈のなかにあって、その社会的諸関係を改革するべく、鋭意心がけた人びとである。そうだとすれば上記の歴史的事例にかぎることはない。これら以外にも多くの事例がある。たとえば、一八九三（明治二六）年からはじまる宮古島国会請願・人頭税廃止運動、一九三一（昭和六）年の「大宜味村村政革新同盟運動」、さらには一九七〇年代の「金武《きん》湾を守る会」運動などがとりくまれてきた。たび重なる反安保反基地の島ぐるみ闘争については、もはや贅言を弄するまでもない。また、敗戦後、沖縄女性団体の連合体による反封建的・反家父長制闘争——たとえば先祖の遺骸の洗骨儀式の火葬化（火葬場建設）やトートーメー（男子位牌継承制）の改革——など、男性のもっとも不得手とした問題を精力的にとり組み、一定の成果をあげていた例もある。なお沖縄女性団体は戦後の反戦・平和運動や返還運動の有力な構成団体として加わっていた。「イナグヤ戦ヌサチバイ」（女は戦のさきがけ）を見事証明した。

これらの問題は、わたしにはもはや手にあまるものである。

ともかく沖縄県民の抵抗闘争は、広範囲かつ多岐にわたっている。それはいうまでもなく、普遍性と国際的意義をもつ。ひるがえって思うのは、沖縄人民の底力のしたたかさというものである。それは「本土」の者が、現在の基地縮小・廃絶のたたかいをマイノリティーの運動とみなしていることと対称関係にあるようだ。通常、民主主義の初歩理論では、マイノリティーというのはある政治的争点《イシュー》にたいする少数意見集団のことである。マジョリティーとマイノリティーがたがいに理解・包摂することによって、その対立は止揚・解消する。したがってマイノリティーは限定的・一過的である（理論的にはマジョリティーも一過的でありうるが、問題にならない）。しかしある県の多数の住民――県民の意思といってもよい――が長期にわたって「反対」を唱えているとき、他都道府県民というマジョリティーがその県民の意思、すなわちマイノリティーに理解を示さないかぎり、民主主義は作動したとはいえず、それはむしろ腐敗する。別の言い方をすれば、マイノリティーはマジョリティーによって周辺化され、固定化されるのだ。一例を示せば二〇一三年四月二十八日、突然、特段の前ぶれもなく、日本独立記念式典が政府（安倍内閣）主催で開催された。沖縄がサンフランシスコ講和条約によって分割統治され、それ以来、在日米軍基地の大部分がそこに存在しつづけていることが、その式典ではまるで視野にないかのごときの講和条約礼賛式典であった。式に参列した天皇・皇后が退席するとき、万歳三唱が演出されることまで計算されていた。だがしかし、周辺化された側の抵抗闘争は、さらに高まり、闘いの錬度はいっそう強化され、輝きをましている。それはその対称をなすマジョリティーたる日本人が、それにたいして無知をさらし、無関心をつづけ、寛容さを欠き、トータルに自己劣化し、腐朽していくこと、あるいはマイノリティーが他者の歴史を生きていくことが、いかに不条理であり、虚偽にみちたものであるか、を示している。沖縄のたたかいは、自己自身の歴史をすごさんとすることがいかに困難であるとしても、それを自己検証するかけがえのない時間と真実を内包させている。そんな思いがせつせつとする。

「あとがき」が長くなったが、最後に拙稿を形あるものにまとめるうえで多くの手間と時間を費やされた方々にお礼をのべたい。遊文舎の木原基彌会長夫妻と、スペース伽耶の廣野省三社長木嶋正氏および廣野茅乃さんに、この場をかりてあつく謝意をのべます。

三篇の執筆経過

「一、「処分」抵抗・救国運動、アジア反帝人民連帯のめばえ」は二〇一三年に遊文舎で校正・出版したが、「いわゆる本部（桃原）徴兵忌避事件から伊江島闘争へ」は二〇一四年にスペース伽耶で出版した。

しかし本稿は、はじめ『伊江島通信』に寄稿するつもりであったが、長いために、『通信』発送の際にこれをその読者に同封するという形をとった。

最後の「移民・出稼ぎ労働者と宮城与徳」は、昨年書きおろしたものである。三篇が全体として統一されていない。なお筆者は認知症の同伴者の在宅介護、したがって家事その他をもおこなわざるをえなかったために手間どり、引用文献の校正などで出版社との間に齟齬をきたしてしまった。

佐々木辰夫（ささき　たつお）

1928年生まれ。同志社大学卒業。中学校に職をうる。
在職中から沖縄·奄美をはじめ日本各地の離島·僻地を精力的に歩く。同時に60年代、インド、沖縄その他に関するルポルタージュを『新日本文学』や関西在住者による文学·社会運動の同人誌『表象』『変革者』などに発表。80年代以降はおもにイラン革命、アフガニスタン革命について『社会評論』に執筆。同時にフィリピン・アフガニスタン・ソ連(とくにモスクワ)などに足しげく訪れる。

著書
『阿波根昌鴻――その闘いと思想』（2003年、スペース伽耶）
『アフガニスタン四月革命』（2005年、スペース伽耶）
『沖縄戦――もう一つの見方　宮本正男らの集団投降運動を中心に』（2012年、スペース伽耶）

〒561 - 0828
大阪府豊中市三和町３ - ８ - ６
シュールメゾンポプラ三和町
TEL 080 - 5775 - 6781

沖縄　抵抗主体をどこにみるか
――「処分」、徴兵忌避、移民·出稼ぎ労働者と宮城与徳

二〇一六年一月二十五日　初版第一刷

著者　佐々木辰夫
発行所　株式会社　スペース伽耶
発行者　廣野省三
〒113-0033　東京都文京区本郷三―二九―一〇
飯島ビル２Ｆ
電話　〇三（五八〇二）三八〇五
ＦＡＸ　〇三（五八〇二）三八〇六
発売所　株式会社　星雲社
〒112-0012　東京都文京区大塚三―二一―一〇
電話　〇三（三九四七）一〇二一
ＦＡＸ　〇三（三九四七）一六一七
印刷＝㈱平河工業社
乱丁・落丁本はおとりかえします。

ISBN978-4-434-21656-5